AF559444

23

JUNGE KUNST

RUPPRECHT GEIGER

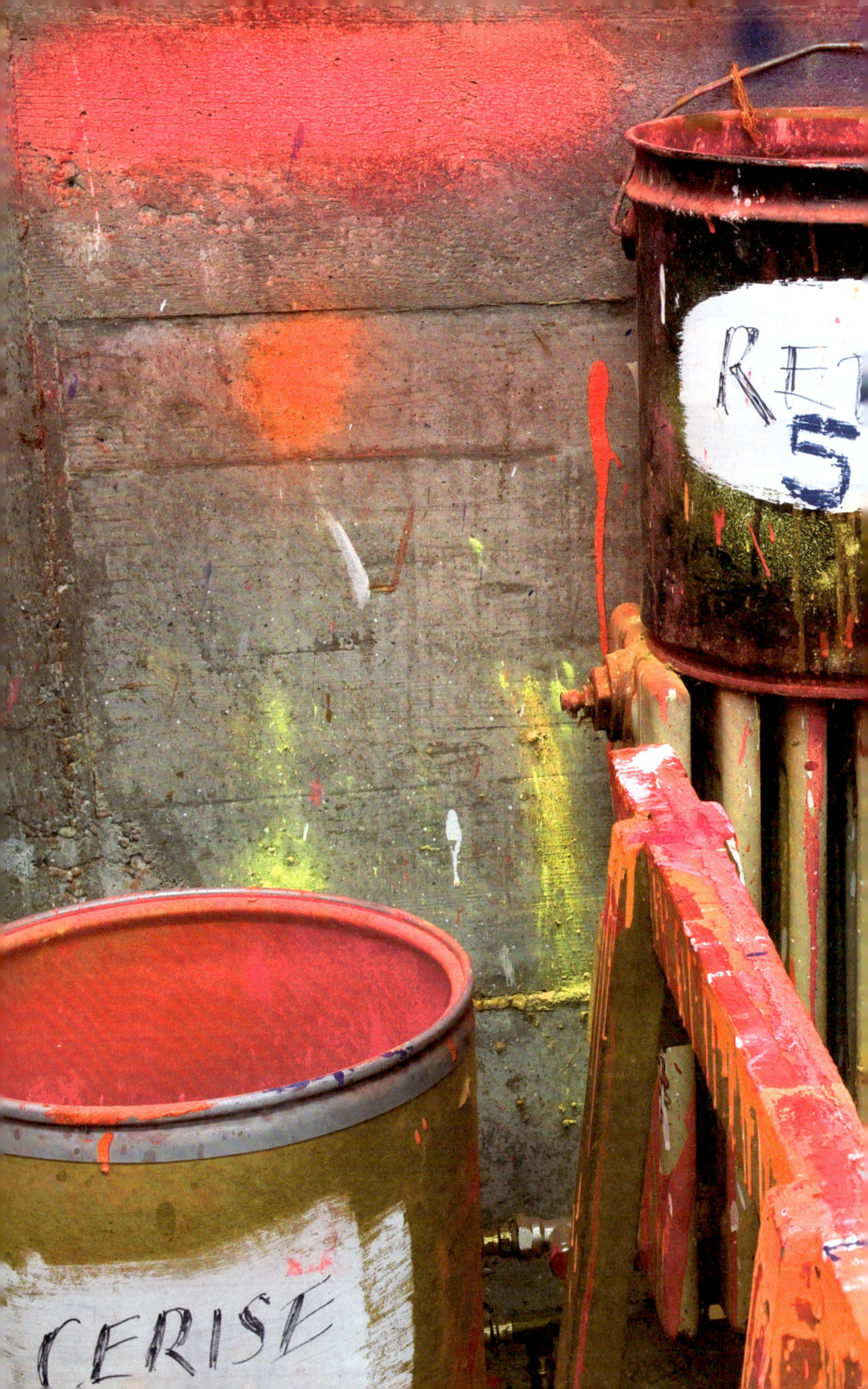
5
CERISE

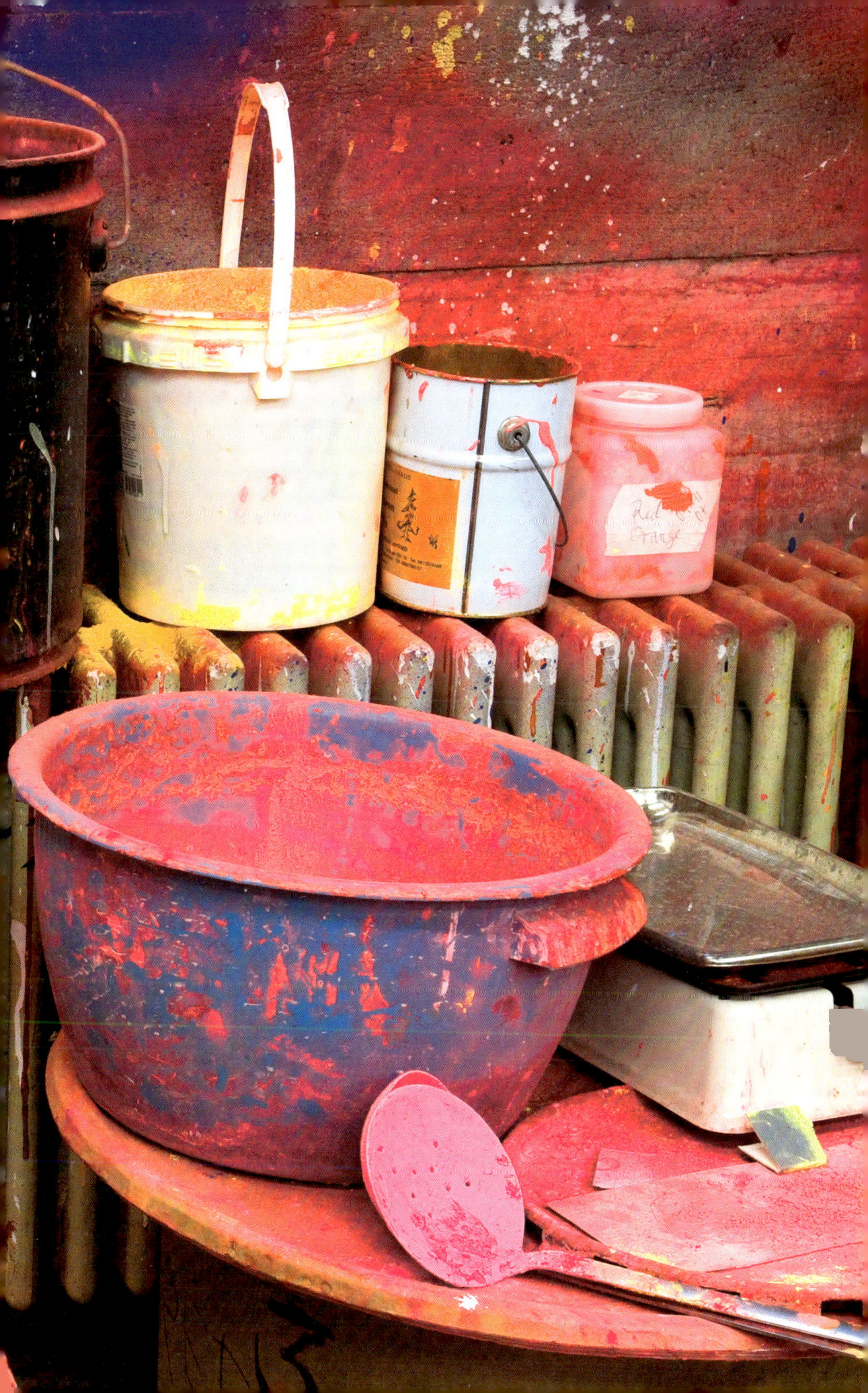
Red
Orange

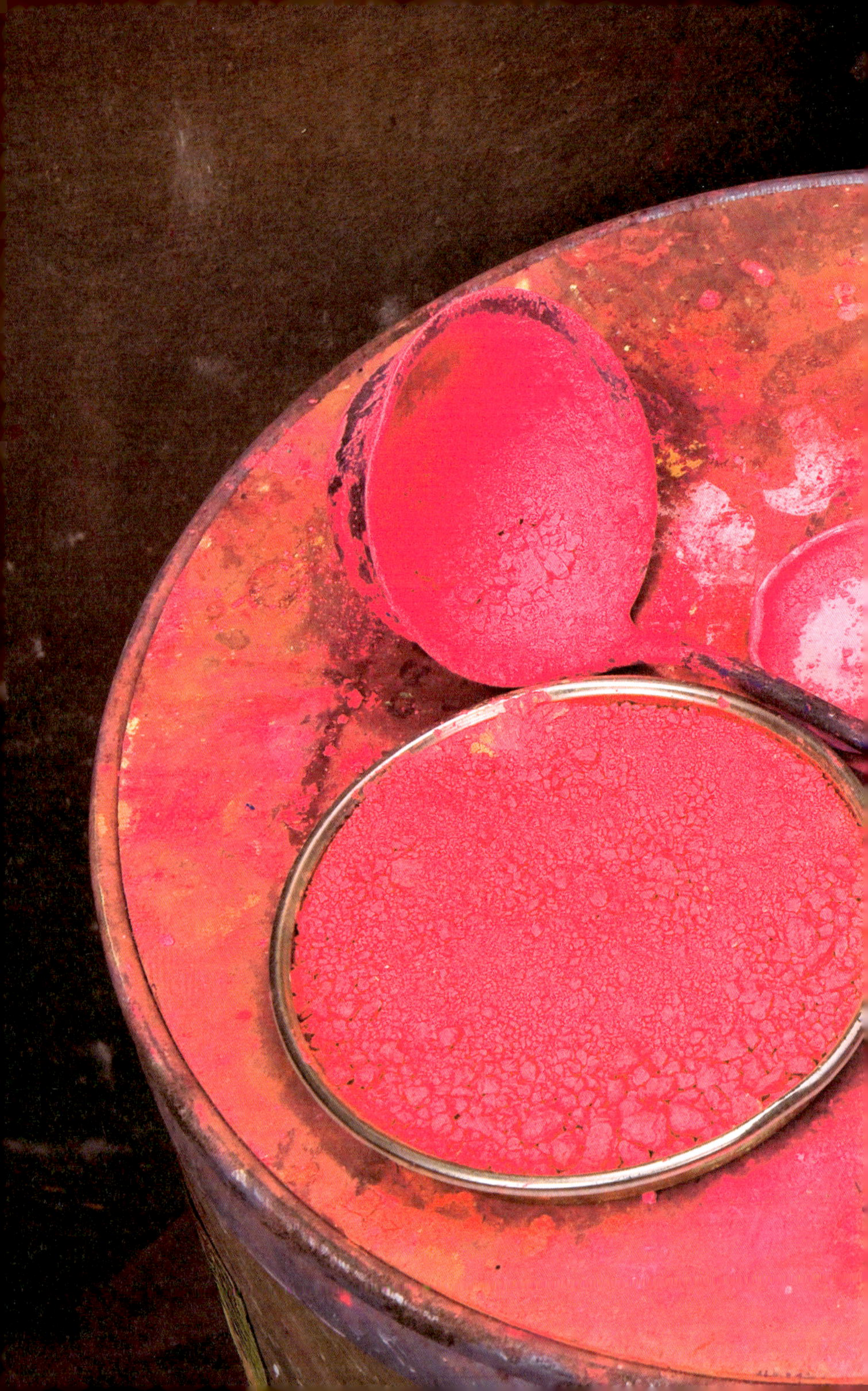

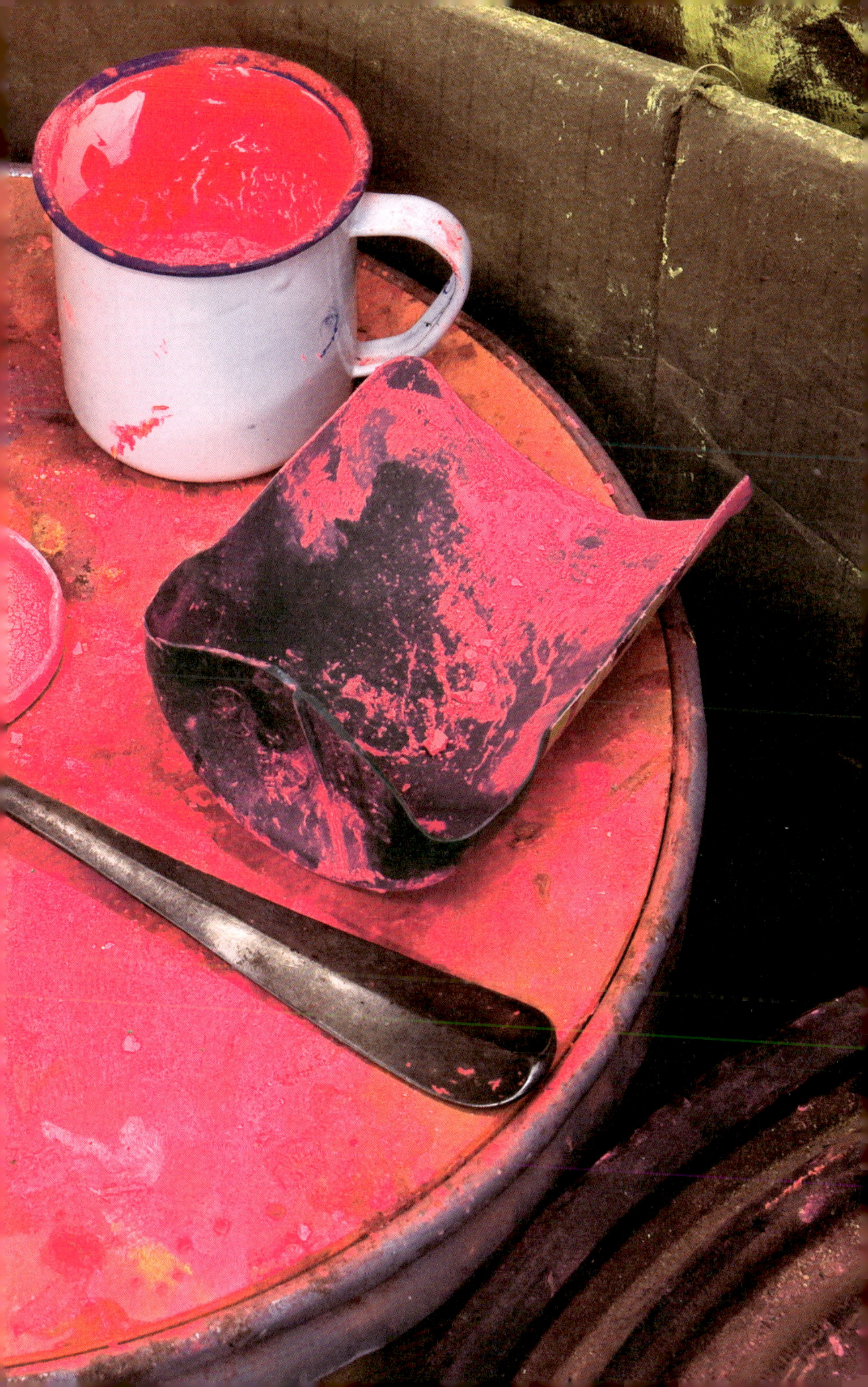

RUPPRECHT GEIGER

MIT BEITRÄGEN VON
Hajo Düchting
und
Julia Geiger

KLINKHARDT
& BIERMANN

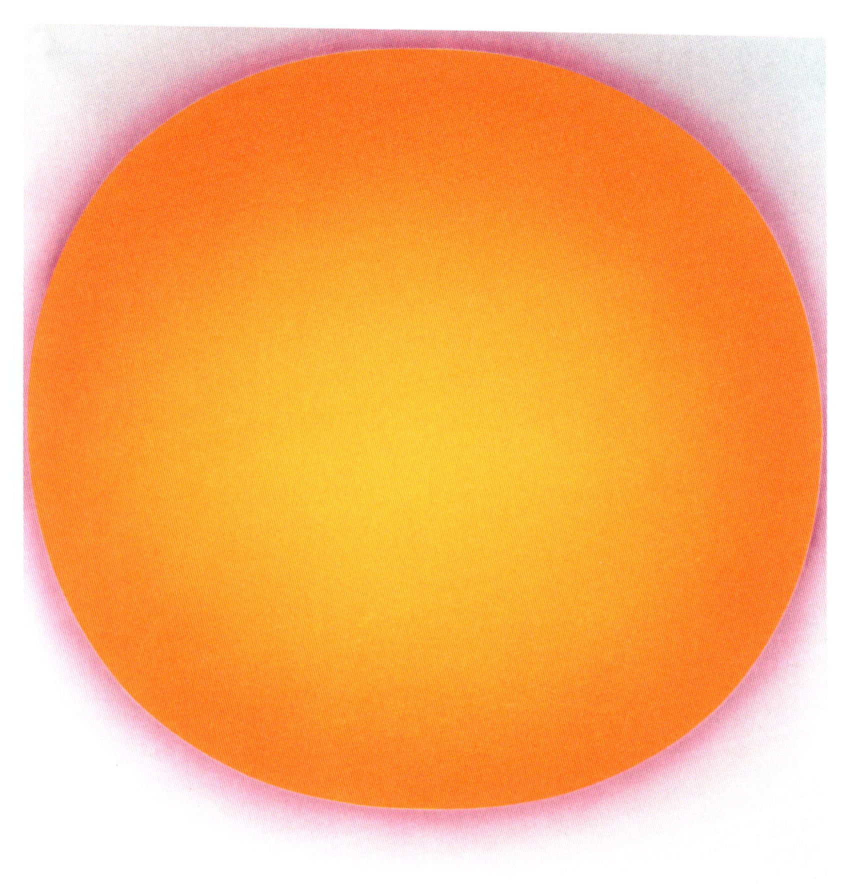

RUPPRECHT GEIGER

666/73, 1973, Acryl/Leinwand, 150 × 140 cm (WV 644)

INHALT

1 *391/62*, 1962, Öl/Leinwand, 147 × 131 cm (WV 361)

RUPPRECHT GEIGER – VISIONÄR DER FARBE

Hajo Düchting

»Das sich von der Farbmaterie absondernde Farblicht ist Geist der Materie, mit magischer Energie geladen.«

Rupprecht Geiger, *Rotbuch* 1975/78

Rupprecht Geigers wichtigstes Anliegen in seiner gesamten künstlerischen Entwicklung war die bedingungslose Ausbreitung von Farbenergie. Sind die frühen Bilder des autodidaktisch arbeitenden, ursprünglich als Architekt ausgebildeten Künstlers noch von landschaftlichen Assoziationen geprägt, so löste er sich Ende der 50er Jahre von allen Einflüssen – hierzu zählen die Malerei des Blauen Reiters, die »reine Malerei« von Robert Delaunay[1] oder später die Farbraum-Malerei des Suprematismus mit Kasimir Malewitsch –, um die pure Wahrnehmung der autonom gesetzten Farbe zu ermöglichen. Seitdem wurde dies zum ausschließlichen Motiv und die Farbe, meist Rot in ihren Modulationen zwischen kalt und warm, hell und dunkel, in immer neuen Serien und »Versuchsanordnungen« (Installationen) vorgeführt. Dieses einzigartige Werk soll hier an paradigmatischen Beispielen aus der Malerei vorgestellt werden.

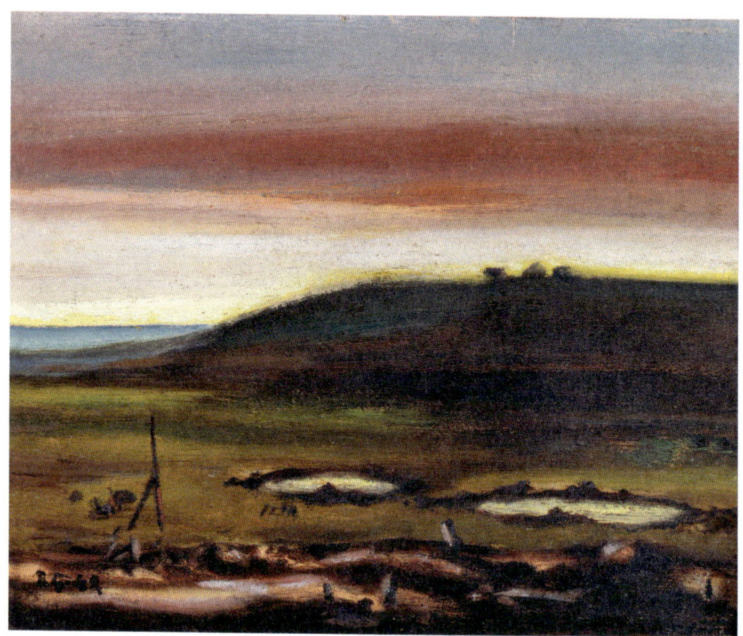

2 *Ohne Titel (Landschaft)*, 1942, Eitempera/Holz, 31 × 37 cm (WV 3)

DER WEG ZUR FARBE

Geigers Weg dorthin bestand nicht in einer langsamen Entwicklung mit prägnanten Stationen eines Übergangs oder eines Sprungs in unbekanntes Neuland – wie etwa bei Wassily Kandinsky, einem seiner Vorbilder, zu beobachten ist. Er findet sein Thema Farbe bereits in den frühen Arbeiten Ende der 40er Jahre und lässt dann nicht mehr davon ab, wiewohl es ab den 60er Jahren zu einer Intensivierung der Pigmentierung und Konzentration auf die Farbmodulation Rot kommt.

Aus heutiger Sicht könnte man auch die Zeit seines Einsatzes als Kriegsmaler – 1943 in der Ukraine und 1944 in Nauplia/Griechenland – als Ursprung der Entfaltung von Farbe im Bild benennen. Dabei sind nicht die Schrecken und die Zerstörungswut des Kriegs seine Themen, sondern seltsam entrückte Landschaften, in denen intensive Farben aufglimmen (2).

Seinen Beruf als Architekt konnte Geiger erst wieder mit der allgemein zunehmenden Bautätigkeit ab 1949 aufnehmen. Bis dahin arbeitete er ein-

mal wöchentlich im Atelier seines Vaters Willi Geiger, der als Professor an der Münchner Kunstakademie lehrte. Dort entstand Geigers abstrakte Frühphase, damals schon im Zeichen der Farbe, die den Bildgrund flächendeckend und oft in einem Hell-Dunkel-Verlauf ausfüllte, allerdings noch besetzt mit abstrakten Bildzeichen, wie Kreis, Linie, Dreieck und Trapez, die das Bild zu einem magischen Kosmos öffnen (4, 5).
Bereits kurz nach Kriegsende nahm Geiger an Ausstellungen abstrakter Kunst teil – zum Beispiel an den *Réalités Nouvelles 1948, 3ème Salon* in Paris – und zeigte dort eine eigentümliche Mischung aus Surrealismus und Abstraktion (3). Im selben Jahr entwarf er eine Serie von abstrakten Werken mit neuartigen Bildformaten, die den rechten Winkel zugunsten abgeschrägter oder spitz zulaufender Winkel verließen.[2] Oft ausgehend von einer horizontalen Bodenfläche, entfaltet sich in der verformten Bildebene ein farbiger Flächenverlauf, in der zuweilen eine wolkenartige Form auftaucht und so ein landschaftliches Erleben mit einer Suche nach abstrakter Lösung verbindet (6).

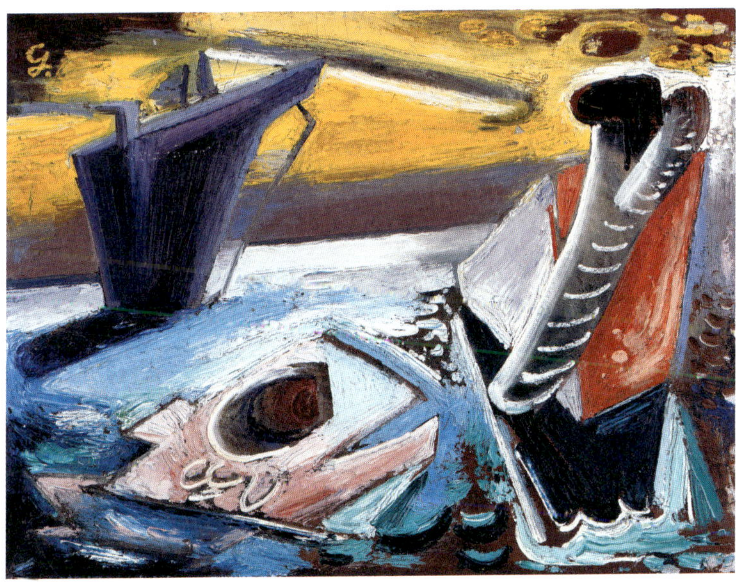

3 *Südlicher Hafen*, 1946,
Eitempera/Leinwand, 56 × 74 cm (WV 14)

4 links: *E 114*, 1950, Eitempera/Leinwand, 64 × 46 cm (WV 78)

5 unten: *E 75*, 1949, Eitempera/Holz, 42 × 70 cm (WV 40)

6 rechts: *E 53*, 1948, Eitempera/Leinwand, 67 × 55 cm (WV 29)

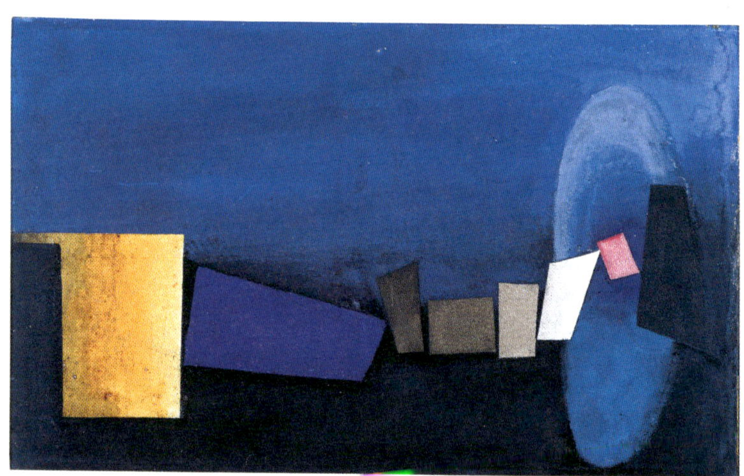

Zwei Jahrzehnte blieben diese Arbeiten unbeachtet, weil Rupprecht Geiger das väterliche Atelier nicht mehr nutzte. Erst 1971 »entdeckte« er sie wieder, und nun zeigte sich, dass sie ihn unzweifelhaft zum Pionier auf diesem Gebiet machten – lange vor den »shaped canvases«[3], die Ellsworth Kelly und Frank Stella in den 60er Jahren als Kongruenz zwischen Bildinhalt und Bildform bzw. als Ausweitung des Bildes in den Betrachterraum entwickelten. Für Geigers Weg zum Farbraum ist der Ansatz der amerikanischen Künstler unerheblich. Seine irregulären Bildformate der späten 40er Jahre haben andere Beweggründe, nämlich der Dynamik der Farbe auch in der Außenform nachzugeben. Geiger präsentierte diese Werkgruppe von 14 Gemälden ab 1977 in seinen Ausstellungen und Retrospektiven, und sie inspirierte ihn auch, ab 1978 duale Bilder aus zwei unterschiedlich großen, aber zusammenhängenden Formaten zu schaffen: die Serie der Farbräume (siehe Abb. 23, 24).

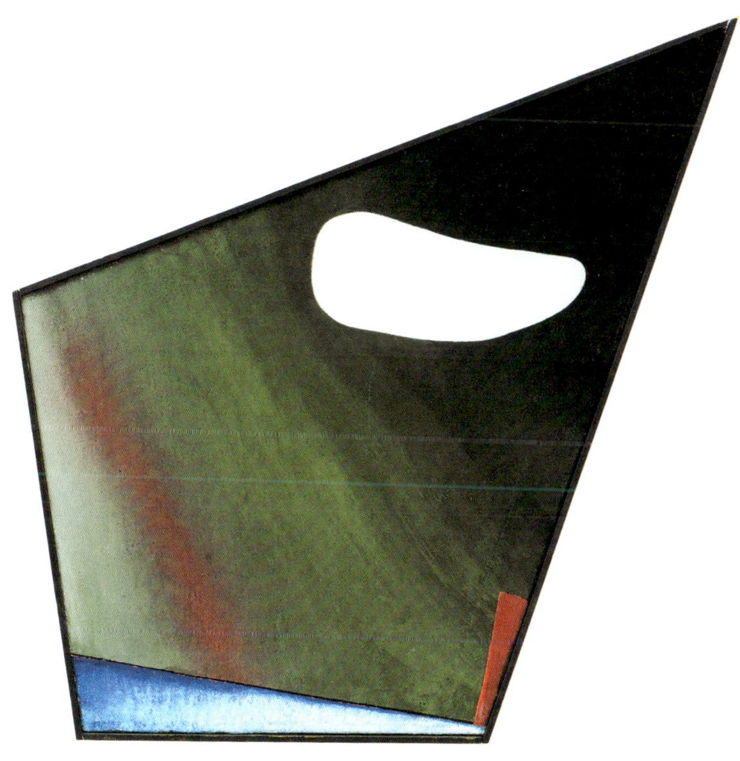

ZEN 49

Das wichtigste Ereignis dieser experimentellen Nachkriegsjahre ist die Gründung der Künstlergruppe ZEN 49, eine Vereinigung abstrakt arbeitender Künstler mit Sitz in München, zu denen – neben Rupprecht Geiger – Willi Baumeister, Rolf Cavael, Gerhard Fietz, Willi Hempel, Fritz Winter

7 *E 180*, 1952, Eitempera/Holz, 60 × 80 cm (WV 110)

und die Bildhauerin Brigitte Meier-Denninghoff gehörten.[4] Auf der Tradition der Künstlervereinigung Der Blaue Reiter gründend, suchte ZEN 49 alle avantgardistischen Künstler in Deutschland zu erreichen und für die abstrakte Kunst einzunehmen, avisierte aber auch »Querverbindungen [...] zu ähnlichen Bestrebungen in der Musik und Literatur und zur modernen Architektur«.[5] Der durch Hans Sedlmayrs Kampfschrift *Verlust der Mitte*

8 *E 182 (Glühender Block)*, 1952,
Eitempera/Leinwand, 130 × 101 cm (WV 112)

9 *E 185 (Erkalteter Block)*, 1952,
Eitempera/Leinwand, 100 × 80 cm (WV 113)

polemisch verzerrte Streit um die Bedeutung abstrakter Kunst bewirkte einen stärkeren Zusammenschluss der in dieser Richtung arbeitenden Künstler; gleichwohl hatten sie einen schweren Stand in der Kunstszene der deutschen Nachkriegszeit.

Von ZEN 49 gingen die wesentlichen Impulse nicht nur für die Neuorientierung der Münchner Kunstszene aus, sondern auch für die Neuentstehung einer modernen westdeutschen Kunstszene. Hilla von Rebay, die 1927 nach Amerika ausgewandert war, lieferte mit ihrer Gründung eines »Museum of Non-objective Painting« (das spätere Solomon R. Guggenheim Museum) wesentliche Unterstützung. 1949 fand in München im Central Art Collecting Point eine Ausstellung ihrer Sammlung statt, wenig später, im April 1950, die erste Ausstellung von ZEN 49, bei der Hilla von Rebay als Ehrenmitglied der Gruppe mit eigenen Bildern vertreten war.

Ungeachtet dieses gelungenen Neustarts abstrakter Kunst, die sich bald als Gütesiegel der gesamten westlichen Malerei etablierte, blieben Geigers Werke eher Außenseiterpositionen und waren trotz der Einzelausstellungen 1953, 1958, 1961 und 1964 in der Modernen Galerie Otto Stangl sowie renommierter Kunstpreise nahezu unverkäuflich. Alle Bilder wurden bis Mitte der 50er Jahre noch mit der kostbaren und teuren Eitempera gemalt. Mit intensiven Tagesleuchtfarbpigmenten beschäftigt er sich bereits ab 1952 (7). In diesen Jahren schuf Geiger die Grundlagen seines gesamten folgenden Werkes, wenn auch noch die alleinige Konzentration auf die Farbe Rot fehlte.

Ein Bild wie *E 182 (Glühender Block)* (8) mit einer aufsteigenden Modulation aus Blau, Violett, Purpur, Zinnober, Orange bis Gelb und dem darin eingeschlossenen zweiten Bildfeld mit einer Modulation aus kühlen Magentatönen von Dunkel nach Hell bis Weiß zeigt sehr deutlich das Bestreben, ein Bild allein aus der Farbe aufzubauen. Andere Bilder beinhalten eine Skala von Blautönen (9) oder eine Kombination beider Farbfamilien wie in *E 198b* (10) und *E 219* (11), was in dem harten Kontrast zwischen zwei modulierten Flächen in Kadmiumrot und Ultramarinblau eine Fülle von Kontrastphänomenen hervorruft (Hell-Dunkel, Kalt-Warm, Komplementär, Simultan, Quantität und Qualität), die Geiger auf der Höhe des Farbwissens seiner Zeit zeigt.[6] Einzige Konzession an die tradierte Bildwahrnehmung der 50er Jahre ist hier der leicht verschobene weiße Balken, der beide Flächen verbindet.

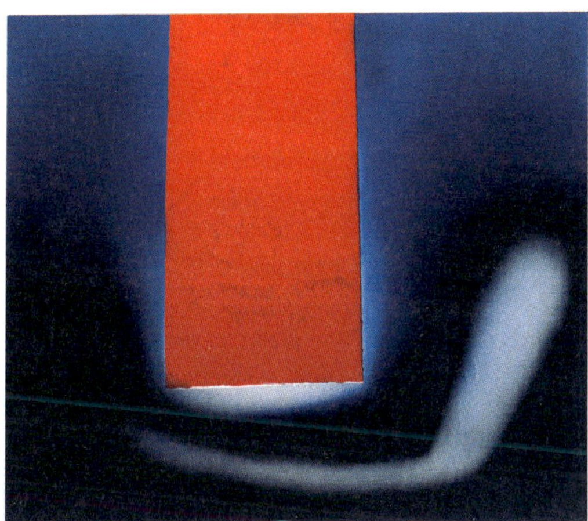

10 *E 198b*, 1954, Eitempera/Leinwand, 85 × 100 cm (WV 143)

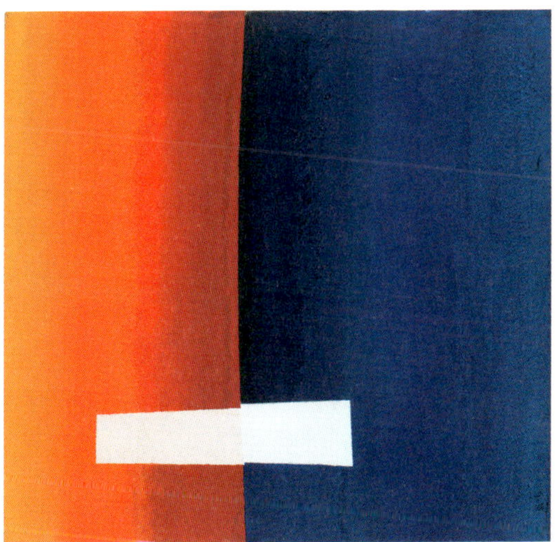

11 *E 219*, um 1955, Eitempera/Leinwand, 86 × 91 cm (WV 163)

Dass Rupprecht Geigers Berufung an die Münchner Akademie scheitern musste, überrascht nicht angesichts der sich steigernden Radikalität in seiner Malerei, die damals in München nicht verstanden und akzeptiert wurde. Erst die 1965 verliehene Professur an der Düsseldorfer Kunstakademie führte Person und Werk aus der Isolation und machte auch im internationalen Vergleich die Bedeutung seiner Arbeiten deutlich.

12 *359/62*, 1962,
Öl/Leinwand, 126 × 121 cm (WV 331)

»ROT MACHT HIGH«

In den 60er Jahren stehen zwei Werkgruppen in Konkurrenz: eine blauschwarze Bildfolge (12) und eine immer stärker sich dem Rot als absolut gesetzter Farbe zuwendende Serie. Sie können aber auch in ein und demselben Bild als Verschränkung zweier gegensätzlicher Farbbereiche auftreten. Die Formvielfalt der 50er Jahre tritt zugunsten einiger elementarer Grundformen (Kreis und Rechteck) zurück, der Bildaufbau reduziert sich auf lediglich zwei Zonen. Diese konzentrieren sich auf eine grundlegende, bildfüllende Farbmodulation und eine sich dazu konträr behauptende Farbform, beispielsweise ein von oben in das Bild ragendes Rechteck in

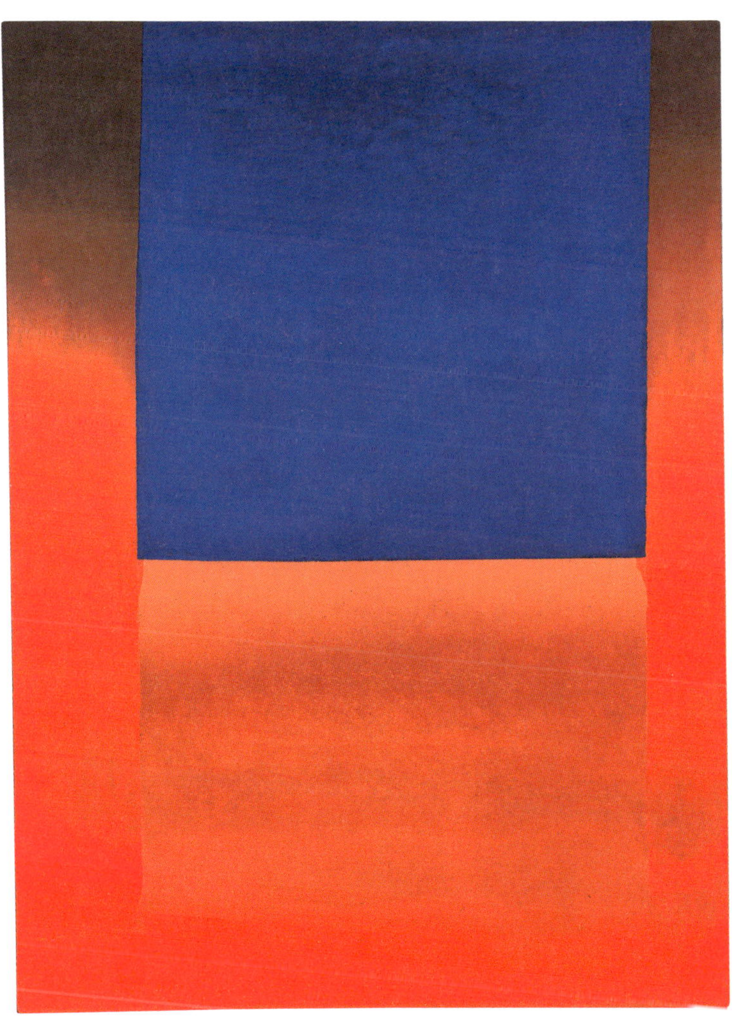

13 *347/61*, 1961,
Öl/Leinwand, 120 × 91 cm (WV 312)

14 *Rotbild (Bild 3)*, 1961,
Öl/Leinwand, 192 × 147 cm (WV 285)

einer zweiten Kontrastfarbe (13). Sie aktiviert das Sehen und lässt es in der harten Spannung zwischen Farbe und Form sowie Farbe und Farbe oszillieren. Alle landschaftlichen Assoziationen sind in diesen Bildern getilgt. Eher entsteht der Eindruck von »kosmischen Räumen«, die an Malewitsch anzuknüpfen scheinen bzw. dessen Absolutheitsanspruch der autonomen Form aufgreifen. In seinen Schriften verweist Geiger nun hauptsächlich auf die Farberfahrung des Roten als beispielhafte reine Farbe, die das Sehen am höchsten beansprucht: »Immer mußt du zuerst das Rot sehen, als das, was aufleuchtet, sich signalisiert. Immer ist erst das Element da, die Farbe, dieses flammende Rot, diese Rotstufen, die sich ins Dunkle verlieren, du mußt dich identifizieren, mußt nachdenken. Rot gilt als Farbe der Leidenschaft. Rot ist die hervorragende Signalfarbe mit der Bedeutung Gefahr. Rot ist die Bannerfarbe der Revolution des Sozialismus und Kommunismus. Rot war die Sturmfahne des deutschen Reichs im Mittelalter.«[7]
Von wegweisender Bedeutung für die Konzentration auf die Farbe Rot ist zweifellos das Gemälde *Rotbild (Bild 3)* von 1961 (14). Im Hochrechteck dieses Werks vollzieht sich eine Modulation der Farbe Rot – Kadmiumrot in verschiedenen Nuancen –, die von einem schwarzen Bodenstreifen ausgeht. Dieser gibt in einer unregelmäßigen, fasrigen Pinselführung den weißen Bildgrund frei und steigt dann über verschiedene Stufen aus dem Schwarzroten und Rotschwarzen auf zur beständigen Aufhellung bis zur Freigabe der Farbe in einer rosafarbenen Auflockerung und abschließenden höchsten Hellstufe im Weiß.
Rot will sich ausbreiten, den Raum erfüllen. Diesem Drang hat Geiger mit dem Entwurf seines *Farbtanks* von 1975 nachgegeben (siehe S. 76) und auch später mit dem Meditationsraum im Park des Isar-Amper-Klinikums Taufkirchen an der Vils (15, 16). Die leuchtenden Rottöne auf den Wänden verwandeln diesen Raum in einen Leuchtraum voller Energie und Konzentration, vergleichbar vielleicht mit den unterirdischen Kulträumen aus der Megalithzeit auf der Insel Malta. Diese vollständig rot ausgemalten Räume waren in ihrer ovalen Form dem Mutterleib nachempfunden. Das vitale Mysterium glüht rot, wenn auch versteckt in den Tiefen der Dunkelheit, so wie in den Tiefen des Körpers, in den Adern, im Herzen, von wo die Libido als zentrale Lebensenergie ausgeht.
Rot gehört also zu den ausdrucksstärksten und mächtigsten Farben des Farbenkreises und daher gebührt ihm der zentrale Platz sowohl in der Farbsymbolik als auch in der Farbpsychologie. Es ist die Farbe, die den

16 Innenansicht Meditationsraum im Bezirkskrankenhaus, Taufkirchen (Vils)

15 *Meditationsraum im Bezirkskrankenhaus, Taufkirchen (Vils)*, 1991, Acryl/Beton, ca. 215 × 805 × 550 cm (WV S. 361)

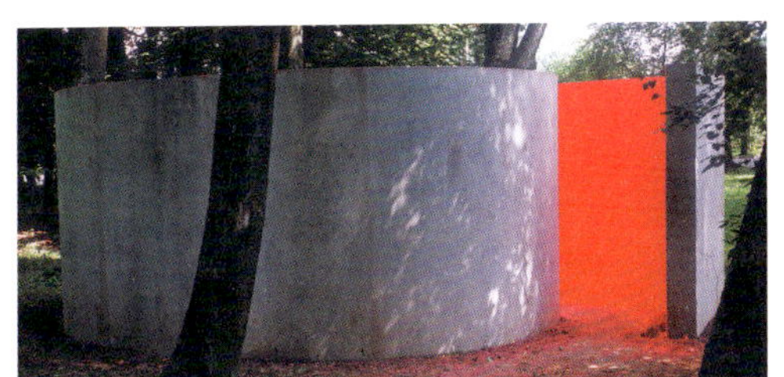

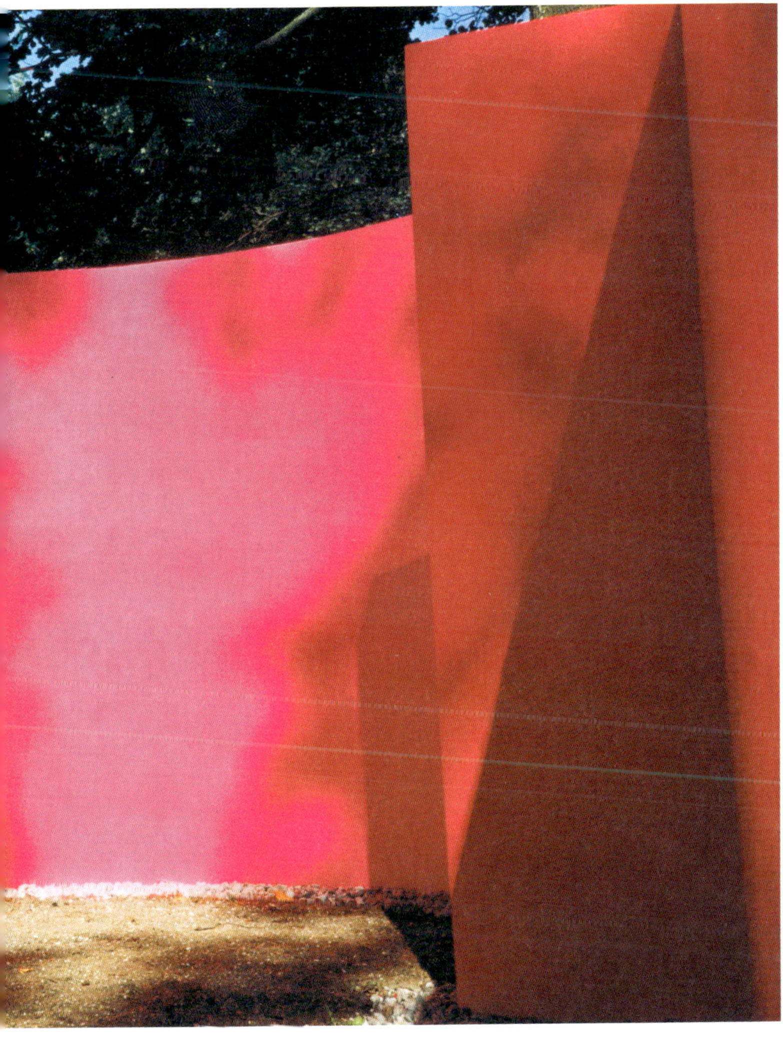

menschlichen Organismus am stärksten erregt und an tief im Unterbewusstsein schlummernde Archetypen rührt. Ernst Jünger spricht von Rot als unserem »irdischem Lebensstoff«, »wir sind ganz und gar ausgekleidet mit ihm. Die rote Farbe ist uns daher nahe, so nah, dass zwischen ihr und uns kein Raum zur Überlegung besteht. Sie ist die Farbe der reinen Gegenwart.«[8]

Andere Bildmodelle verwenden auch Gelbtöne zur Aufhellung und erreichen damit eine glutvolle, sonnenähnliche Farbwirkung (17, 18, 19). In den Gemälden wirkt die Farbe Gelb auf dem roten Grund tatsächlich wie die Sonne selbst oder wie ein Aufscheinen ihrer Strahlungsenergie. Diesen assoziativen Verweis auf Naturphänomene hat Geiger bald wieder unterlassen, um sich stärker auf die rein abstrakte Energie der Farberscheinung zu konzentrieren.

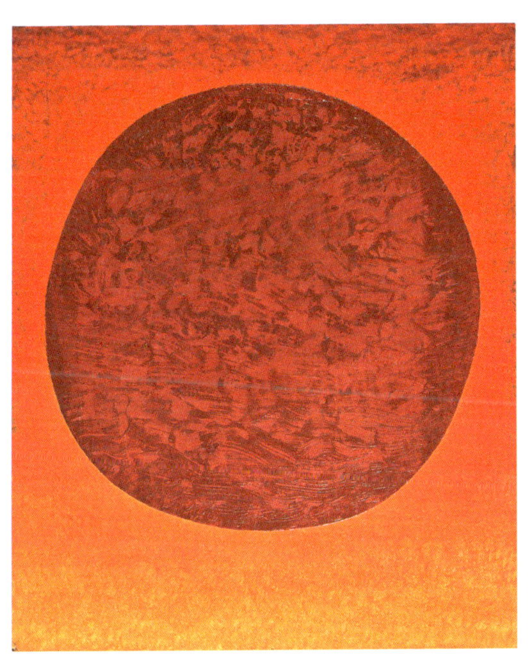

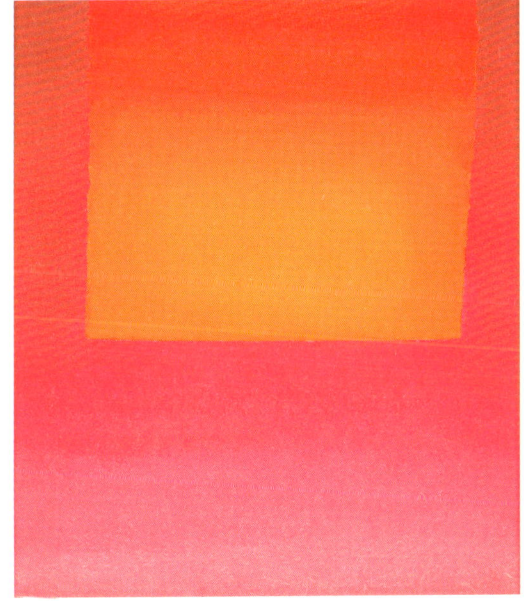

17 links: *463/67*, 1967, Öl/Leinwand, 215 × 202 cm (WV 443)

18 oben: *410/64*, 1964, Öl/Leinwand, 95,5 × 80 cm (WV 383)

19 unten: *356/62 (Leuchtrot mit gelbem Feld)*, 1962, Öl/Leinwand, 85 × 74 cm (WV 326)

Der Beginn seiner Lehrtätigkeit an der Düsseldorfer Kunstakademie ab 1965 geht einher mit einigen maltechnischen Innovationen. Zehn Jahre lang hatte ihn die Ölfarbtechnik begleitet, jetzt wendet er durchgehend Tagesleuchtfarbpigmente an, d. h. fluoreszierende Pigmente in Acryldispersion gebunden, die den Farbtönen noch mehr Brillanz und Leuchtkraft verleihen. Geiger arbeitet nun mit der Spritzpistole, um – im Gegensatz zum unruhigen Pinselstrich – möglichst gleichmäßige, feinkörnig verlaufende Übergänge zu erzielen.

Exemplarisch für die Serie der Kreisformen von 1968 bis 1970 ist das Gemälde *519/68* (20): Auf der von einer gelblichen Bodenzone ausgehenden Modulation ins Weiße schwebt hier ein oval gedrückter Kreis in leuchtendem, etwa mittleren kobaltblauem Ton. Aus der Phase mit weißen, grauen und gelben Kreisformen stammt das Bild *598/70* (21). Es zeigt eine hell leuchtende, gelbe Kreisform, umgeben von einer weißen Aureole.

Diese wie Gestirne anmutenden Kreisbilder werden bis in die 70er Jahre in vielen Variationen durchgespielt, am interessantesten sind die aus Holz gesägten Formen, die ohne rahmende Begrenzung auf der weißen Wand schweben und Objekthaftigkeit mit freier Farbform verbinden (22).

Spätestens jetzt kommen Vergleiche in den Sinn, die das Werk von Rupprecht Geiger beispielsweise mit dem Hard-edge Painting von Ellsworth Kelly (1923–2015) verbinden wollen. Während es aber Geiger immer stärker um die Strahlkraft der reinen Farbe, um die Aktivierung des Sehens und die Freisetzung der Farbenergie geht, behandelt Kelly die Farbe der Form untergeordnet. Für ihn ist die Einheit von Bildform und dreidimensionalem Objekt bzw. die Ausdehnung des Bildes in den Betrachterraum von vorrangiger Bedeutung. Seine geometrischen, mathematisch konstruierten Bildobjekte schaffen Farbakzente ohne assoziative, symbolische oder außerbildliche Bedeutung.

Auch die Vergleiche zur deutschen Kunstszene zeigen Geigers Sonderstellung. Gotthard Graubner (1930–2013) schuf Ende der 60er Jahre malerische, farbig geflutete »Farbraumkörper«, wolkenartig sich verdichtende Farbüberlagerungen, die auf ihre Weise einzigartig sind, aber in keinerlei Beziehung zu Geigers Werk stehen. Günter Fruhtrunk (1923–1982) stammte wie Rupprecht Geiger aus München, fing mit Architekturstudien an und übte ab 1967 eine einflussreiche Professur an der Münchner Kunst-

20 *519/68*, 1968, Acryl/Leinwand, 110 × 105 cm (WV 494)

21 *598/70 (Signal gelb)*, 1970, Acryl/Holz, 124 × 138 × 25 cm (WV 575)

akademie aus. Zwischen 1958 und 1962 entwickelte er ein Bildmuster farbiger, bildparalleler Streifen in vertikaler, horizontaler und manchmal auch diagonaler Richtung. Es ging ihm jedoch nicht um die Elementarisierung konstruktiver Grundformen, sondern um ein dynamisches Grundverhalten der Farbe. Die Herausforderung und Anspannung des Auges zu höchster, komplexer Sehleistung nähert Fruhtrunks Werk Geigers Anliegen, entfernt sich aber wieder durch die ausschließliche Konzentration auf das optische Phänomen der Simultanüberflutung der Farbe, der auftretenden Farbschwingung, die Fruhtrunk eher in der Optical Art verorten lässt.
Am ehesten ließen sich die Bilder von Yves Klein (1928–1963), den Rupprecht Geiger als Künstler schätzte, in der unbedingten Hingabe an den Farbton Blau und ihrem spirituellen Anspruch mit Geigers Kunst vergleichen. Bereits in den Nachkriegsjahren entwickelte Klein seine Idee einer monochromen Malerei, die der autonom gesetzten Farbe den Vorrang über alle anderen Gestaltungsmittel gibt. Ab 1956 entstanden seine monochromen blauen Bilder, deren Strahlkraft auf der Erfindung (und Patentierung) eines besonderen Blautons (International Klein Blue) und einer samtigen, pudrigen Bindung beruht. In dieser nicht mehr steigerbaren Leuchtkraft des Blautons sah Klein eine wesentliche Spiritualisierung des Materials, die Transzendierung in einen absoluten kosmischen Geist-Raum.

DIE GEISTIGE ENERGIE DER FARBE

Geigers Vorstellung von Farbe geht weit über den optischen oder pigmentär-haptischen Reiz hinaus: »Die Zauberei des Farbscheins wird hauptsächlich erst da auftreten wo die Substantialität und Geistigkeit der Gegenstände sich verflüchtigt hat und nun die Geistigkeit in die Auffassung und Behandlung der Färbung eintritt. Und im allgemeinen läßt sich sagen, daß die Magie darin besteht alle Farben so zu behandeln, daß dadurch ein für sich objektloses Spiel des Scheines hervorkommt, das die äußerste und verschwebende Spitze des Kolorits bildet, ein Ineinander von Färbungen, ein Scheinen von Reflexen, die so fein, so flüchtig, so seelenhaft werden, daß sie nur noch gefühlsmäßig zu erfassen sind.« Durch diese Modulation wird Farblichtenergie frei, »die erkennbar wird an den hell im leeren Raum aufleuchtenden kleinsten Farbteilchen, dann an den sich ständig verdichtenden Farbteilchen einer zu großer Leuchtkraft sich steigernden

22 *586/69 (Gerundetes Rot)*, 1969,
Acryl/Holz, 185 × 210 × 6 cm
(WV 562)

Energie und schließlich aus dem dicht überlagerten, aus der Tiefe herausleuchtenden Farblicht.« Nicht zufällig schließt Geiger dieses Bekenntnis zu einer spirituell aufgefassten Farbenergie mit einem Satz aus Johann Wolfgang von Goethes Farbenlehre ab: »Farben sind Taten des Lichts, Taten und Leiden.«[9]

In seiner Polemik gegen die physikalische Farbenlehre von Newton verwahrte sich Goethe gegen die rein wissenschaftliche Betrachtung von Farbe und Licht. Für ihn entstehen die Farben aus dem Kampf zwischen Licht und Finsternis, aus der Polarität von Hell und Dunkel, die durch das »Mittel der Trübe« (Atmosphäre) die Gesamtheit der Farben hervorbringt. Der Vorgang der Farberzeugung geschieht nicht durch Brechung oder Mischung, sondern durch Verdichtung und Steigerung. Durch die Atmosphäre hindurch sieht man das farblose Licht der Sonne als Gelb, die nächste Farbe am Licht. Wenn die Sonne sinkt, nimmt die Trübe zu und steigert die Farbe zuerst ins Orange und schließlich zum Purpurrot. Blickt man hingegen durch ein erleuchtetes trübes Mittel – also bei Tag – gegen die Finsternis des Weltraums, dann sieht man das Blau des Himmels. Verdichtet sich die Trübung, wird das Blau weißlicher; wird die Trübe farbloser, dann steigert sich das Blau zum satten Violett.[10]

Goethes phänomenologischer Ansatz und seine umfassende Erforschung der Wirkung der Farben auf den Menschen (ihre »sinnlich-sittliche Wirkung«) machen ihn zum Ahnherrn der Künstlerfarbenlehren, wie sie vor allem am Bauhaus begründet wurden.

Geiger geht es um eine Vergeistigung der Farbe, um die Entfesselung einer im Bild nicht mehr steigerbaren Farblichtenergie, die Auge und Geist aufs Höchste erregt und mit Energien auflädt. In einer einzigartig konsequenten Weise hat er sich daher der Intensivierung der Farbenergie zugewandt. Die bereits erwähnten Tagesleuchtfarbpigmente, die ab 1965, in Acryldispersion gebunden, mit der Spritzpistole auf die Bildtafeln gesprüht werden, ermöglichen einen feinen Farbverlauf von dichter Überlagerung bis zur hellsten Auflösung.

Ab Ende der 70er Jahre reduziert sich die Farbgebung endgültig auf Rot und zwar in zwei Temperaturen, einem kalten Magentarot und dazu im Kontrast einem warmen Rot-Orange (Kadmiumrot): »Zwei in ihrem Charakter grundverschiedene Farben, ein kaltes Rot einem warmen Rot-Orange gegenübergestellt, erzeugt Disharmonie im Kalt-Warm-Kontrast. An der Grenzlinie entsteht Bewegung und Unruhe. […] Hier ist

Harmonie des Gegensatzes wirksam, die Farben stehen in erregender Spannung zueinander und schockieren.«[11] Diese Dualität der Farbspannung wird in zahlreichen Bildern durchgespielt, in sehr anschaulicher Weise beispielsweise in *725/78 (Farbraum, Geist und Materie)* von 1978 (23) und *780/87* von 1987 (24). Die unterschiedlichen Rottöne sind hier nicht in einem Bild vereint und erzeugen dort ein bildimmanentes Spannungsfeld, sondern treten auf zwei unterschiedlichen Bildformen getrennt voneinander, aber doch in einem Zusammenhang, auf.

Bei *780/87* zeigt die obere Bildtafel ein durchlaufend homogenes Farbfeld in einem warmen Rotton, während das kalte Magenta im darunter hängenden gedrückten Kreis auftritt. Beide Formen überschneiden sich nicht, sondern berühren sich lediglich leicht. Und doch ist die optische Irritation erheblich.

Das Auge wechselt zwischen Abkühlung und Erhitzung von einem Bildfeld zum anderen und findet dabei keinen harmonisierenden Abschluss. Die Wahrnehmung der Farbe Rot steigert sich sogar derart, dass permanente Energieimpulse folgen und sich so eine Art Flimmereffekt vor dem Bild einstellt. Dieses optische Phänomen lässt sich sonst eher an den Bildern der sogenannten Optical Art feststellen, deren Künstler (von Vasarely bis zu Bridget Riley) durch Kontrastphänomene und Umspringformen eine optische Vibration schaffen, die das Sehen als eine Sensation von Bewegung heraus- bis überfordert.[12]

Geigers Bildmodelle haben eine ganz andere Intention: Sie wollen weder den Betrachter in einen unabschließbaren Prozess der optischen Bewegung setzen, noch die Adaptionsmöglichkeit des Auges überfordern. Das aufflammende, dann sich wieder abkühlende Rot hat nur eine einzige Intention: die Lichtenergien dieser Farbe freizusetzen und dem Betrachter zur Verfügung zu stellen; er kann Farbe (und damit Lichtenergie) »tanken«.

AUSSTRAHLUNG DER FARBE IN DEN UMRAUM

In seinen »Gedanken zur Farbe« hat sich Geiger mit dem Problem der farbigen Ausweitung in den Umraum beschäftigt. Da das Licht und die Umweltfarben das objektive Erlebnis Farbe beeinflussen, müsse man diese folgerichtig »von diesen äußeren Störungen« fernhalten, »indem man sie isoliert«. Wie dies zu erreichen ist, beschreibt er so: »Ich stehe in einem

23 *725/78 (Farbraum, Geist und Materie)*, 1978,
Acryl/Leinwand, 285 × 200 cm (WV 693)

24 rechts: *780/87*, 1987, Acryl/Leinwand, 285 × 170 cm (WV 758)

runden geschlossenen Raum. Die Wände sind von unten nach oben hell bis dunkelrot abgewandelt (moduliert). Ich stehe in der Farbe, ich beobachte: Nach und nach erkenne ich das strahlende Hell in Zone 1. Hier ist das rote Farbkorn dünn aufgesprüht und durch den weißen Grund zum Aufglühen gebracht. Die Farbe ist hier in Bewegung und vibriert. Dann kann ich die langsame Verdichtung der Farbpartikel in Richtung nach oben erkennen, das Anschwellen der Farbkraft zu intensivster Wirkung in Zone 2. Weiter gleitet mein Blick nach oben, ich erkenne hier die immer dichter und zur Fläche sich-überlagernden Farbteilchen bis an den oberen Rand des Raumes in Zone 3. Hier ist die Farbe tiefe leuchtende Glut, in sich gesättigt und verharrend.

Ich habe beim Durchwandern der einzelnen Farbzonen meditiert. Jetzt stelle ich fest: Hier hat Farbe aus eigenen Kraftquellen eine merkwürdige Wirkung ausgelöst, hat mich in Stimmung und Erregung versetzt.«[13]

Dieser Beobachtung folgten einige Entwürfe für Farbräume, die jedoch nicht alle realisiert wurden. 1975 entwickelte Geiger für das Folkwang Museum in Essen den Farbtank *Unisono Rot*, der sich heute in einer Privatsammlung befindet, und 1989 den »Rot-Raum« für die Städtische Galerie im Lenbachhaus, München: *Neues Rot für Gorbatschow* (26). Immer wieder auf Ausstellungen von Geigers Werken zu sehen ist die *Rote Trombe* von 1985 (25), ein mobiler Farbraum, der aus einem frei schwingenden, gänzlich in Rot gehaltenem, zeltähnlichen Aufbau mit einer Höhe von vier Metern und einem Durchmesser von sieben Metern besteht. Oben offen, wird er von einer an der Decke befestigten, roten Stoffbahn abgeschlossen. Steht oder liegt man unter der Trombe und schaut nach oben, so entfaltet sich eine ungeheure Farbintensität, die zudem je nach Tageslicht in der farbigen Nuancierung wechselt. Der Betrachter ist von Rot umgeben, wird von der Farbe angezogen, ja fast schon aufgesogen, und kann die Lichtenergie der Farbe Rot ungestört von Außenreizen erfahren.[14]

Geiger hatte sich von jeher für Farbe am Bau interessiert, eine künstlerische Kategorie, die seit ihrer Renaissance im »Farbigen Bauen« der 1920er Jahre (Bruno Taut) trotz einiger vielversprechender Anläufe – wie am Bauhaus durch Hinnerk Scheper – eher ein Schattendasein bei den Architekten fristet. Geigers Interesse an architekturbezogener Kunst setzt im Jahr 1951 ein, mit dem wenig bekannten Plattenmosaik an der Eingangsseite des Münchner Hauptbahnhofs.[15]

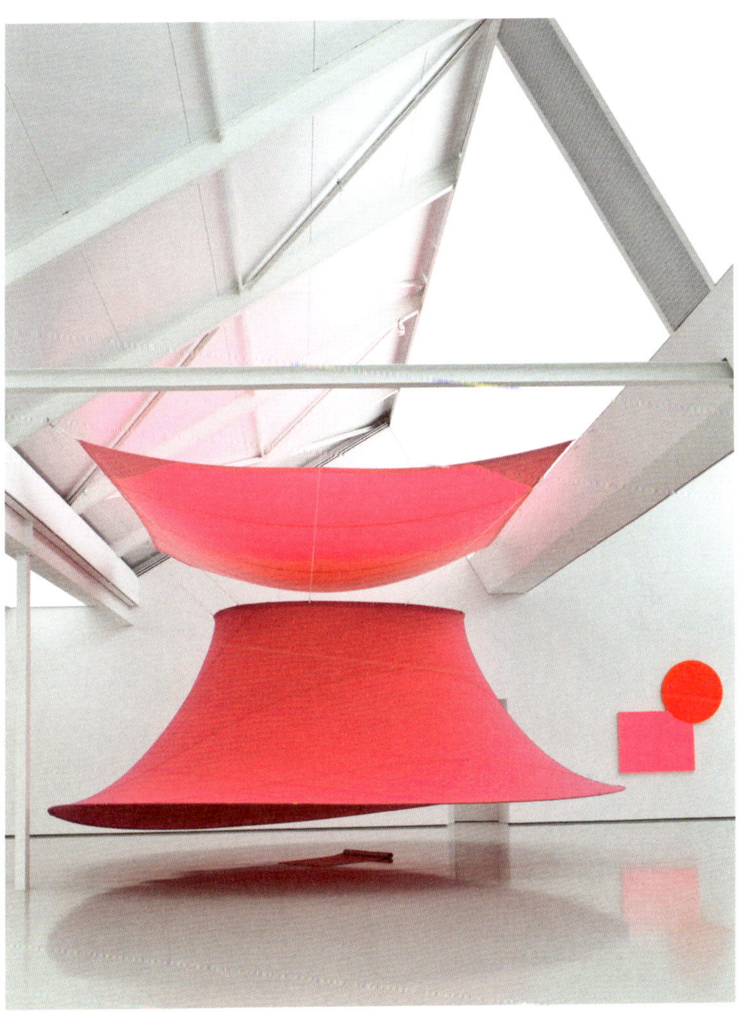

25 *Rote Trombe*, eine Gemeinschaftsarbeit Rupprecht Geiger/Florian Geiger, 1985, farbiger Stoff und Metallstangen, 400 × 700 Ø cm (WV S. 26)
Foto: SCHAUWERK Sindelfingen, 2010;
im Hintergrund: *860/93*, 1993, Acryl/Leinwand, 210 × 215 cm (WV 854)

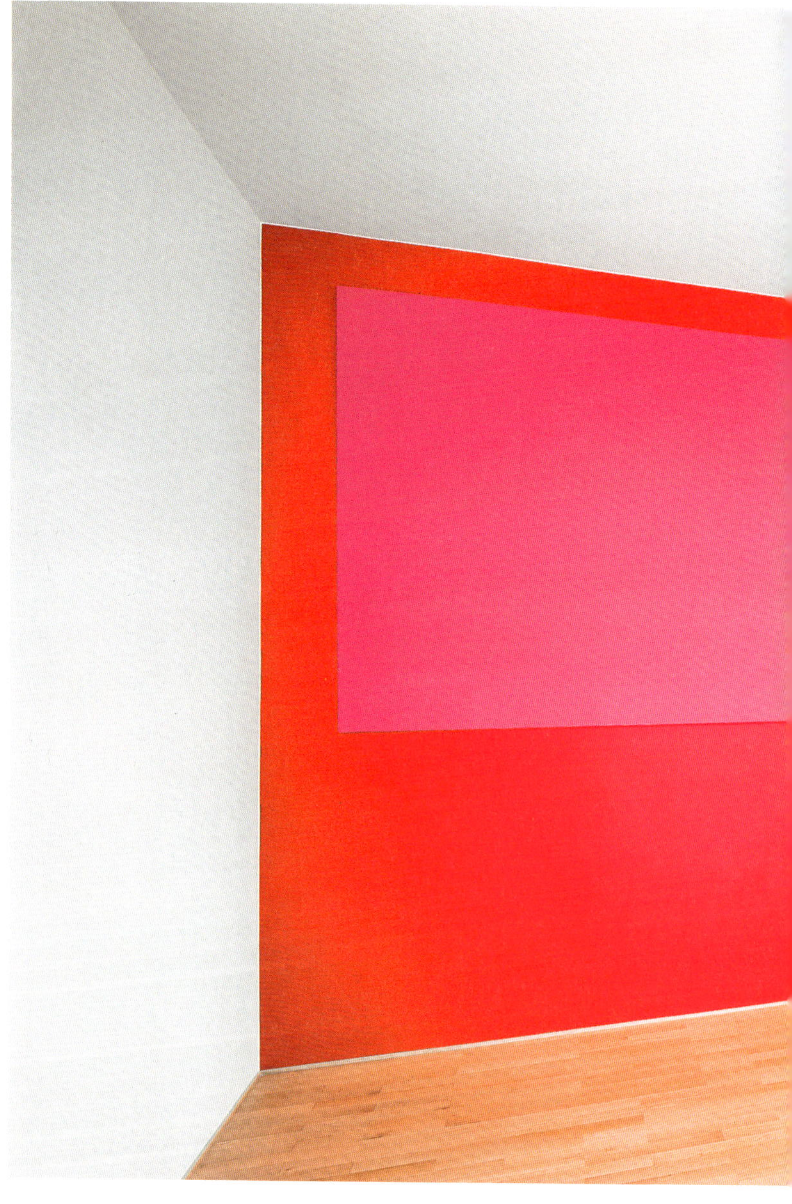

26 Rauminstallation *Neues Rot für Gorbatschow* in der Städtischen Galerie im Lenbachhaus, München, 1989, Acryl/Leinwand und Putz, 355 × 465 × 515 cm (WV S. 358)
Die Rauminstallation besteht aus den beiden *Arbeiten 809a/89 (Gerundetes Rot)* (WV 793) und *809/89 (Moduliertes Rot)* (WV 794).

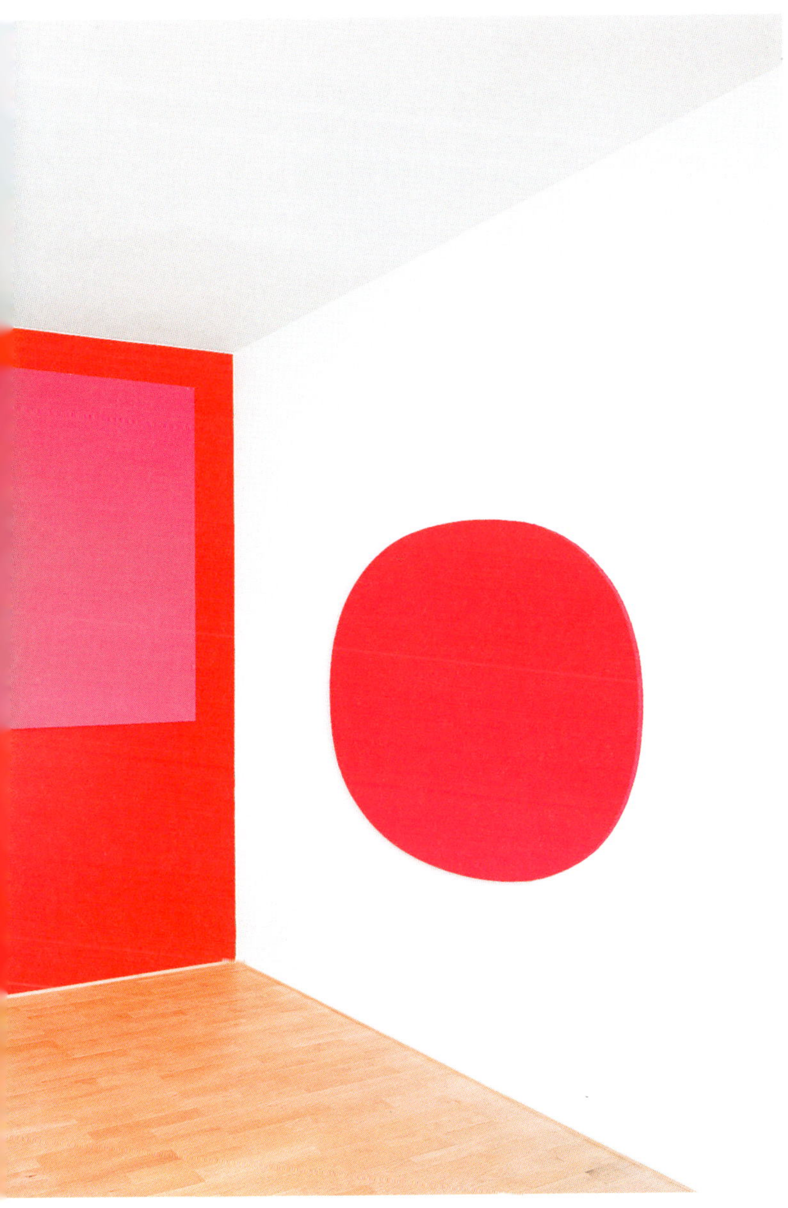

27 *Rollenbild (Pinc vital)*, 1991,
Acryl/Leinwand, 203 × 137,5 × 8,5 cm (WV 813)

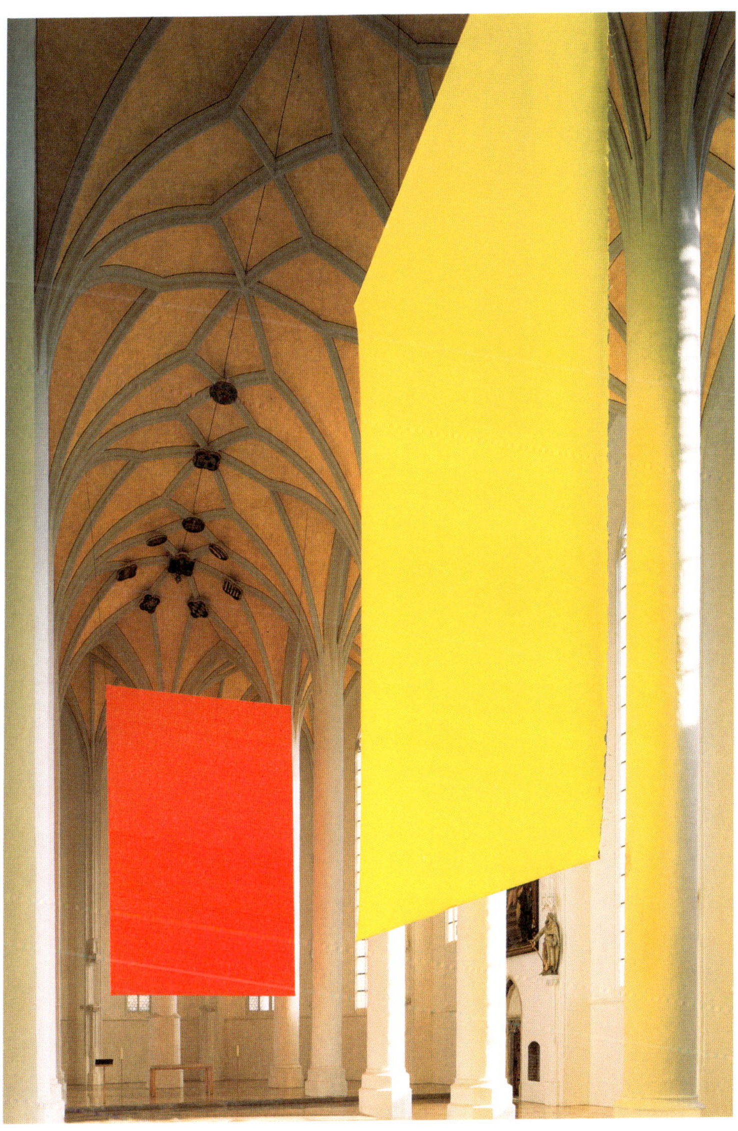

28 *Morgen Rot Abend Rot*, Heiliggeistkirche, Landshut, 2000, Acryl/Leinwand, je 800 × 500 cm (WV S. 369)

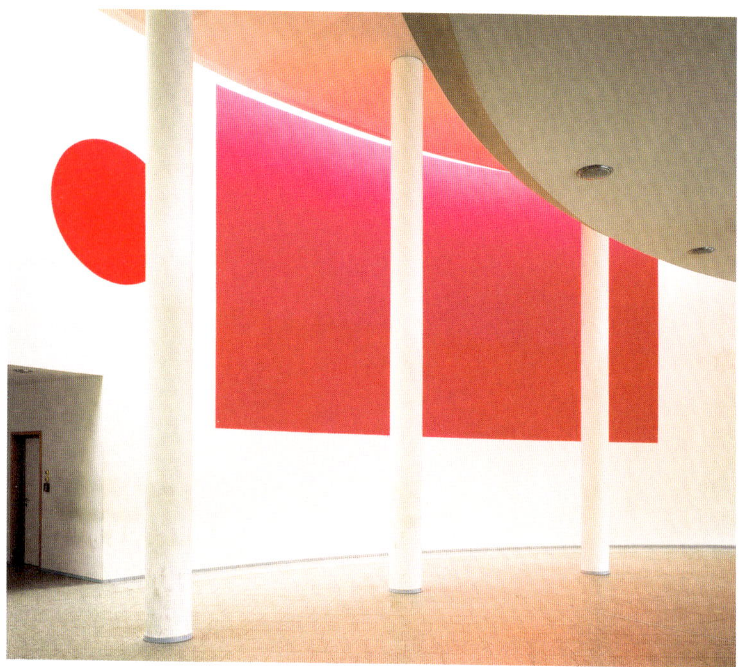

29 *Farbkomposition Rot (Großes Rot mit Contrapunkt)* in der Fachhochschule, München, 1990, Acryl/Putz, 550 × 1000 cm (WV S. 360)

Bekannter wurden seine Außenplastiken: die Kreisformen vor der Münchener Rückversicherungs-Gesellschaft (1973) und am Kulturzentrum am Gasteig in München (1987). Andere Projekte tragen eher den Charakter von Installationen, wie *Farbkomposition Rot (Großes Rot mit Contrapunkt)* von 1990 in der Fachhochschule München (29), das neben einem Kreis in warmem Rot eine große Farbfläche in kaltem Magenta zeigt. Geiger hat hier einen Gedanken weiterentwickelt, der ihn auch in seinen Leinwandbildern beschäftigte: die Unendlichkeit der Farbe, deren Energie nicht im Bild steckenbleibt, sondern auf den Betrachterraum und darüber hinaus weiter ausstrahlt.

30 *Rio*, 2001, Acryl/Leinwand, 290 × 410 cm (WV 901) (aus der Rauminstallation für die *XXV Bienal de São Paulo*, WV S. 370/71)

So gesehen, sind seine großformatigen Rollenbilder der 80er Jahre (27), die meist wieder einen starken Pinselduktus mit pastosem Farbauftrag ausweisen, Vorbereitungen auf die spätere Installation *Morgen Rot Abend Rot* von 2000 in der Spitalkirche Heiliggeist in Landshut (28) wie auch für die im Jahr 2001 entstandenen Arbeiten für die *XXV Bienal de São Paulo* 2002, für die der damals 93-jährige Künstler vier großformatige Arbeiten schuf, die den Bildraum durch ihre Farbpräsenz erweitern: *Trans-Atlantic*, 2001, *Brasilia*, 2001, *São Paulo*, 2001, *Rio*, 2001 (30).

Bemerkenswert ist, dass – im Unterschied zu anderen Künstlern, die ebenfalls ein hohes Alter erreicht haben – Geigers Spätwerk in keinerlei Abstand zu den vorhergehenden Arbeiten steht. Es schließt sich in Qualität und Intensität nahtlos an. Das betrifft sowohl die Tafelbilder, die wunderbare Verläufe zwischen Gelb und Rot zeigen und an Sonnenaufgänge erinnern (31), als auch die zweiteiligen Ensembles aus Rechtecken und Kreisen, wie z. B. *Pink contra orange* von 2005 (32), das eine irritierende Spannung nicht nur in der Farbgebung, sondern auch in der auf dem

31 *875/99 (Morgenrot 2000)*, 1999, Acryl/Leinwand, 120 × 220 cm (aus der Rauminstallation im Deutschen Bundestag, Berlin, WV S. 366)

unregelmäßigen Rechteck balancierenden Kreisform erzeugt. Bei der aus sechs Gemälden bestehenden Serie *Geist und Materie* gibt es sogar eine Weiterentwicklung in der Farbgebung durch Einbeziehung einer ungrundierten rohen, grauen Leinwand als Hintergrund für die Entfaltung der reinen Farbenergie der davor montierten Farbformen (33).

GEIGERS SONDERSTELLUNG

Mit diesem so konsequent verfolgten Weg zur autonomen, bildhaft erfahrbaren Farb-Licht-Energie steht Rupprecht Geigers Werk als leuchtender Solitär in der deutschen wie auch in der internationalen Kunstszene. In jüngster Zeit auch mit dem Radical Painting verglichen, hat sich Geigers Malerei gegen alle Vereinnahmungen bis heute behaupten können.[16]

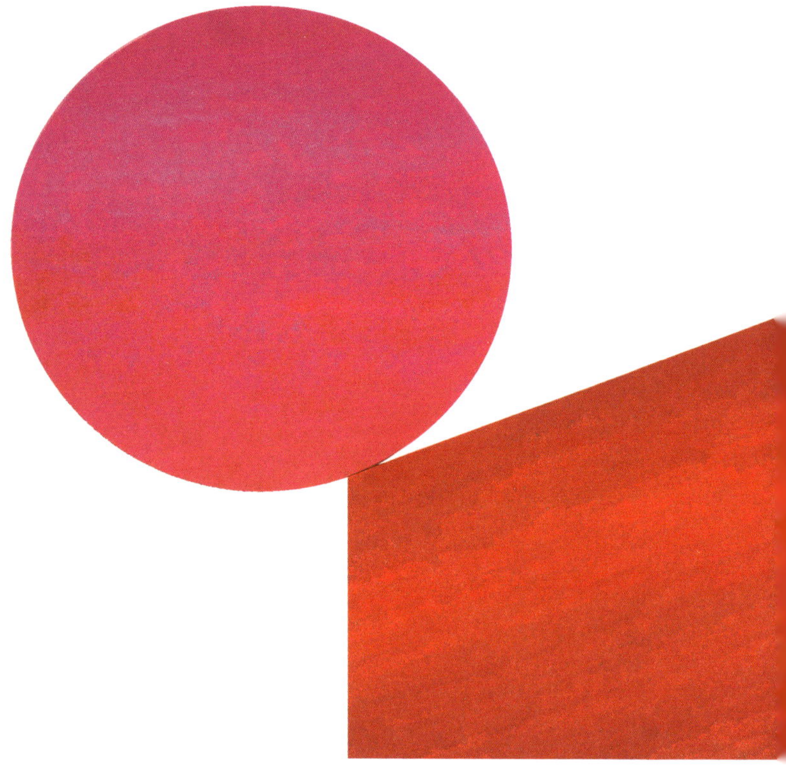

Helmut Heißenbüttel, Dichter und langjähriger Wegbegleiter des Künstlers, hat diese Fokussierung auf die Farbe in einem Text zum 70. Geburtstag Rupprecht Geigers als neuartige und unvordenkliche Erfahrung der forcierten Aktivität des Farbsehens beschrieben: »der Maler Rupprecht Geiger ist ein Leben lang auf diese Möglichkeit der Bildherstellung eingestellt gewesen hat sein Leben ein Leben lang auf diese Möglichkeit der Bildherstellung ausgerichtet der Maler Rupprecht Geiger hat im Ausgang von Farbsignalen im rudimentierten Bildraum Farbe immer stärker und deutlicher immer einfacher wie er selber gesagt hat als Aktivität des Bildes vorgezeigt hat Farbphänomenologie Farbqualität Farbintensität Farbaktivität als Bild hergestellt vorgestellt ausgestellt und die Farbe rot hat immer schon im Mittelpunkt gestanden auch wenn blau gelb oder weiß es ist immer wieder und immer noch rot.«[17]

32 *Pinc contra orange*, 2005, Acryl/Leinwand, 275 × 470 cm (WV Erg. I: WV 942)

Rupprecht Geiger ist ein Visionär, ein Magier der Farbe. Ganz unverwechselbar, singulär und authentisch verwandelt er staubige Pigmente in ein leuchtendes Farblicht, das zuweilen so grell erscheint, dass man die Augen schließen möchte. Doch die Farbe Rot brennt sich in die Netzhaut, bleibt im Gedächtnis haften als warme Energie, die durch Geist und Körper strömt. Geigers Bilder sind wie kleine Sonnen, es sind Kraftwerke, Lichtorte und Energietanks.

Unvergleichlich mit anderen künstlerischen Richtungen bleibt Geigers Rot ein jederzeit vor dem Bild nachvollziehbares Ereignis, das zugleich naturhaft wie artifiziell wirkt und den Betrachter mit der so nötigen Licht-, das heißt auch Lebensenergie versorgt.

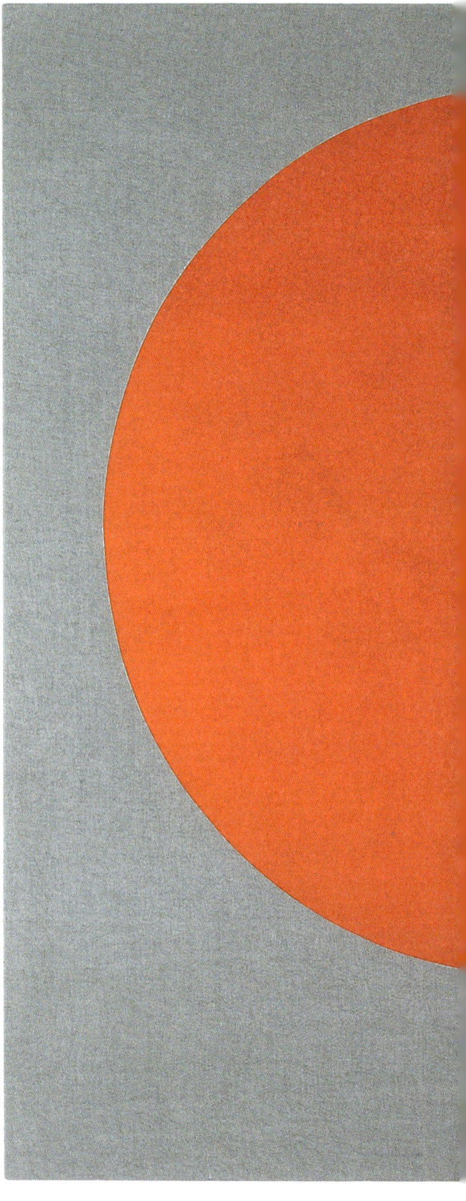

33 *Gelb zu Rot*, 2004,
Acryl/Leinwand, 161 × 176 × 5 cm
(WV Erg. I: WV 934)

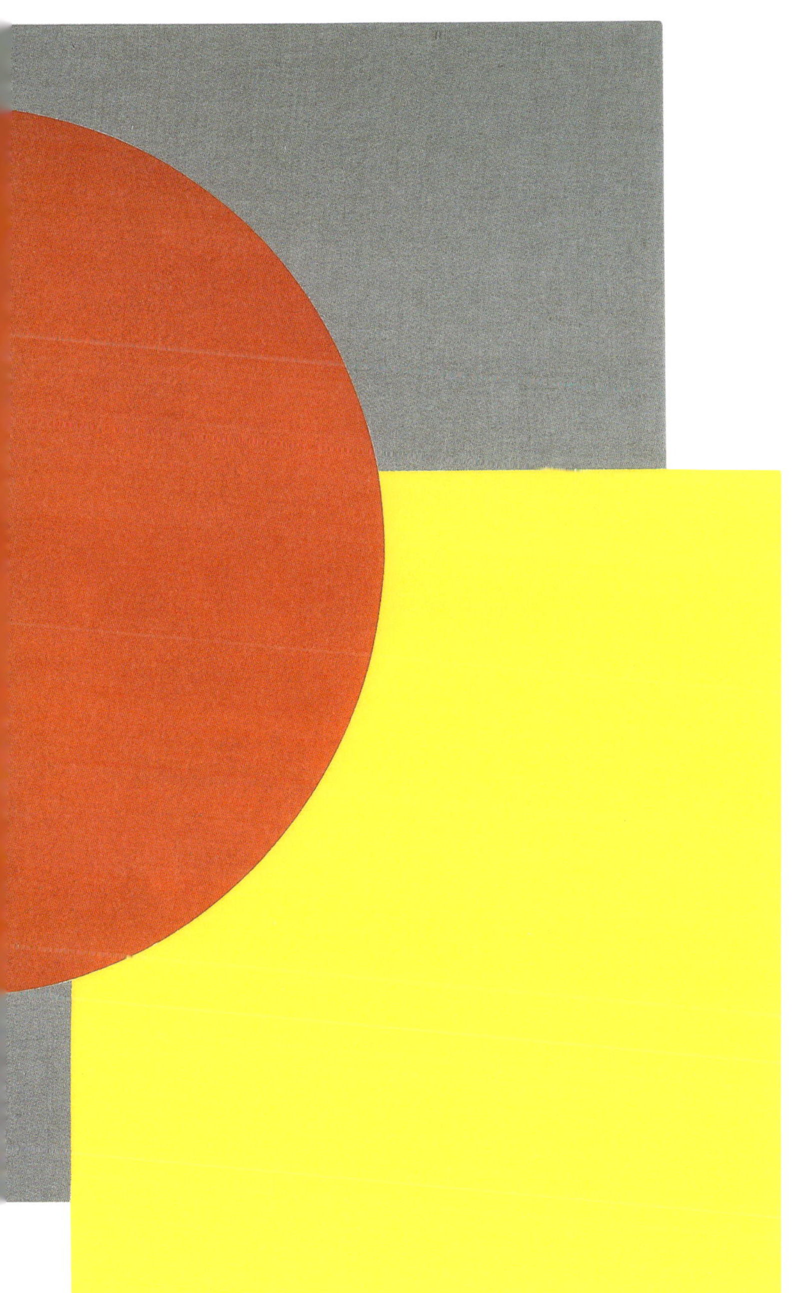

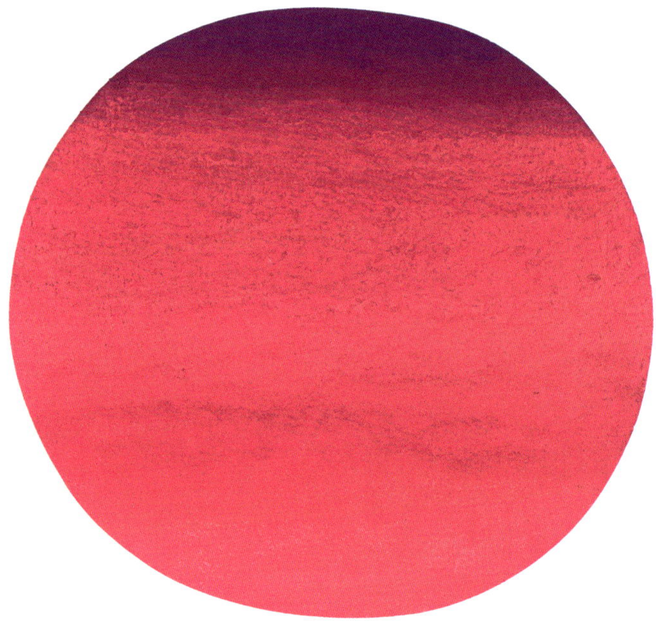

»Rot ist Leben, Energie, Potenz, Macht, Liebe, Wärme, Kraft. Rot macht high. Mit ihrer Fähigkeit zu stimulieren ist sie in machtvoller Funktion. (…) Schau in die glutrot untergehende Sonne, sie gibt dir Kraft für den kommenden Tag. (…) Das monochrom modulierte Farbfeld vorgestellt als ›leuchtrote Farbe‹ wird als Kraftfeld die Potenz und die Stimmungswerte der roten Farbe ausweisen.«

Rupprecht Geiger, *Rotbuch 1975/78*

HAJO DÜCHTING *war Maler, Kunstdozent und Autor zahlreicher Publikationen zur Kunst des 20. Jahrhunderts. Nach seinem Studium der Kunstgeschichte, Philosophie und Archäologie in München promovierte er über Robert Delaunays* Fenêtres *und lehrte an den Hochschulen München, Kassel, Leipzig und Saarbrücken. Hajo Düchting lebte und arbeitete in Dießen am Ammersee, wo er kurz vor Erscheinen dieses Bandes Anfang Mai 2017 verstarb.*

34 *Pinc moduliert*, 2009, Acryl/Holz, 55 × 60 × 3 cm (WV Erg. II: WV 958)

1 Robert Delaunay war mit seiner frühen abstrakten Serie der »Fensterbilder« für die deutsche Malerei von herausragender Bedeutung und blieb dies auch für die Entwicklung der Farb-Malerei nach 1945. Vgl. Ausst.Kat. *Delaunay und Deutschland*, hg. von Peter-Klaus Schuster, Staatsgalerie Moderner Kunst im Haus der Kunst, München 1985/86; siehe dort auch den Beitrag von Hajo Düchting: »Reine Malerei in Deutschland. Überlegungen zur Wirkungsgeschichte von Robert Delaunay nach 1945«, S. 326ff.

2 Vgl. Julia Geiger: »Ein gewagtes Experiment: Die Werkgruppe irregulärer Bildformate von 1948/49«, in: Ausst.Kat. *100 Jahre Rupprecht Geiger*, Neue Nationalgalerie, Berlin 2008, hg. von Fritz Jacobi und Melanie Wilken, S. 45ff.; dies.: »Die irregulären Bildformate und die abstrakte Formensprache«, in: *Von der Gegenständlichkeit zur Abstraktion (1942–1950)*, München 2003 (unveröffentlichte Magisterarbeit), S. 53–69.

3 Siehe die Ausstellung *The Shaped Canvas*, Solomon R. Guggenheim Museum, New York, 1964.

4 Vgl. Peter-Klaus Schuster: »Rupprecht Geiger – Die Münchner Jahre«, in: Ausst.Kat. *Rupprecht Geiger*, hg. von Peter-Klaus Schuster anlässlich der Ausstellung *Rupprecht Geiger* in der Staatsgalerie Moderner Kunst im Haus der Kunst, München 1988, S. 9ff. Vgl. auch Ausst.Kat. *ZEN 49. Die ersten zehn Jahre – Orientierungen*, hg. von Jochen Poetter, Staatliche Kunsthalle Baden-Baden, Baden-Baden 1986.

5 Rupprecht Geiger: »Vorschläge zu einer Interessengemeinschaft«, in: *ZEN 49* (wie Anm. 4), S. 343.

6 Das farbtheoretische Wissen dieser Jahre basierte vor allem auf der Farbenlehre von Johannes Itten, die zwar erst 1961 publiziert, aber in Vorträgen und Aufsätzen publik gemacht wurde. Itten hatte sie bereits ab 1923 am Bauhaus entwickelt und zur Grundlage seines Unterrichts gemacht. Ausgehend von Adolf Hölzel legte er vor allem Wert auf die Darstellung und Anwendung der sieben Farbkontraste. Siehe Johannes Itten: *Kunst der Farbe*, Ravensburg 1961; siehe auch Hajo Düchting: *Farbe am Bauhaus. Synthese und Synästhesie*, Berlin 1996; ders., »Die elementaren Farbenlehren am Bauhaus«, in: *Werkstatt Farbe. Bedeutung – Technik – Material*, Leipzig 2010, S. 54ff.

7 Rupprecht Geiger: »Gedanken zur Farbe«, in: Ausst.Kat. *Rupprecht Geiger. Gemälde und Zeichnungen*, Städtische Galerie im Lenbachhaus, München 1978, S. 5.

8 Vgl. Hajo Düchting: *Farb-Rausch. Die Farbe in der Malerei*, Stuttgart 2009, S. 8ff. (zur Farbe Rot).

9 Geiger (wie Anm. 7), S. 5.

10 Siehe dazu Rupprecht Matthaei: *Goethes Farbenlehre*, Ravensburg 1998; Hajo Düchting: »Fixstern der Farbforschung – Goethes Farbenlehre«, in: ders., *Werkstatt Farbe* (wie Anm. 6), S. 29ff.

11 Rupprecht Geiger: *Farbe ist Element*, Düsseldorf 1975 (o. S.).

12 Vasarely spricht sogar von einem »cinématisme optique«. Siehe dazu Max Imdahl: »Vom contemplateur statique zum participant dynamique«, in: ders., *Farbe. Kunsttheoretische Reflexionen in Frankreich*, München 1987, S. 143ff., und ders., *Bildautonomie und Wirklichkeit. Zur theoretischen Begründung moderner Malerei*, München 1981, S. 51ff.

13 Geiger (wie Anm. 11).

14 Vgl. Melanie Wilken: »Farbe tanken für neue Energie«. In: Ausst.Kat. *100 Jahre Rupprecht Geiger*, Neue Nationalgalerie, Berlin 2008, S. 25ff.

15 Vgl. Schuster (wie Anm. 4), S. 9.

16 Vgl. Georg Imdahl: »Rot tanken. Rupprecht Geiger zum 100. Geburtstag«, in: *Texte zu Rupprecht Geiger*, hg. von Helmut Friedel anlässlich der Ausstellung *Rupprecht Geiger. Malerei, Serigrafien, Modelle und Collagen aus sieben Jahrzehnten. Die Ausstellung zum 100. Geburtstag des Künstlers*, Städtische Galerie im Lenbachhaus, München 2007, S. 91ff.; siehe auch Matthias Bleyl: Essentielle Malerei in Deutschland. Wege zur Kunst nach 1945, Nürnberg 1988, S. 86ff. Zur Geschichte des Radical Painting, ihrer Abgrenzung und Bedeutung siehe Nino Weinstock: *Radical Painting und Präsenz der Farbe in den achtziger Jahren*, Düsseldorf 2001.

17 Vgl. Ausst.Kat. *Rupprecht Geiger*, hg. von Peter-Klaus Schuster (wie Anm. 4), S. 46.

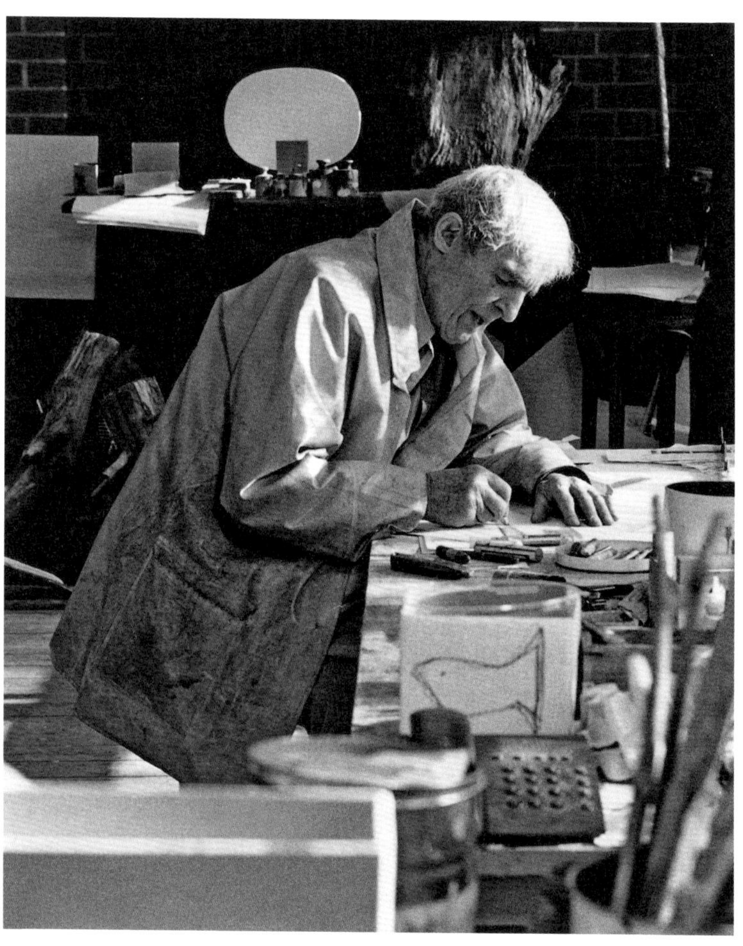

35 Rupprecht Geiger in seinem Atelier, München 1998

BIOGRAFIE

Rupprecht Geiger
1908–2009

Zusammengestellt von
Julia Geiger

1908–1919 Rupprecht Geiger wird am 26. Januar 1908 als einziges Kind des Malers und Grafikers Willi Geiger (1878–1971) und seiner Frau, der Bildhauerin Clara Geiger (geb. Weiß, 1883–1961) in München geboren. Willi Geiger erhält vom Deutschen Künstlerbund den Villa-Romana-Preis, worauf er mit seiner Frau und dem Sohn im November 1909 für ein Jahr nach Florenz übersiedelt. Von 1911 bis 1914 lebt die Familie in Berlin und kehrt mit Kriegsbeginn nach München zurück. 1919 erhält Willi Geiger eine Professur an der Münchner Kunstgewerbeschule.

1923–1925 Gemeinsam mit seinen Eltern zieht Rupprecht Geiger nach Madrid, dort besucht er das Colegio alemán. Die Familie reist nach Granada, Sevilla, Marokko und verbringt drei Monate auf den Kanaren. In dieser Zeit führt Rupprecht sein erstes Tagebuch, das er mit Skizzen und Aquarellen versieht. Die Hoffnung des Vaters, sich in Spanien eine neue Existenz aufbauen zu können, erfüllt sich nicht, und die Familie kehrt 1925 nach München zurück. Rupprecht Geiger besucht das Realgymnasium in der Siegfriedstraße, München-Schwabing.

1926–1929 Nach seinem Schulabschluss beginnt Geiger ein Architekturstudium an der Kunstgewerbeschule München und wird in die Klasse des Neoklassizisten Eduard Pfeiffer aufgenommen, der eine strenge architektonische Formensprache lehrt. Studienreisen führen Geiger nach Frankreich und Italien.

1930–1935 Nach einer zweijährigen Lehre als Maurer, die er in München absolviert und die Bestandteil seiner Ausbildung zum Architekten ist, schließt Geiger an der Staatsbauschule München ein Studium zur Bautechnik und Statik an. Sein Vater, der seit 1928 an der Staatlichen Akademie für Graphik und Buchkunst in Leipzig lehrt, wird 1933 von den Nationalsozialisten fristlos entlassen.

1936–1940 Geiger arbeitet nach seinem Studienabschluss als freier Architekt in verschiedenen Architekturbüros, u.a. bei dem Münchner Architekten Oswald Eduard Bieber. 1937 heiraten Rupprecht Geiger und die Architekturstudentin Monika Bieber, Tochter von Oswald Bieber. 1938 kommt Sohn Lenz zur Welt. Kurz nach der Geburt des zweiten Sohnes Florian, 1940, wird Geiger zum Kriegsdienst eingezogen.

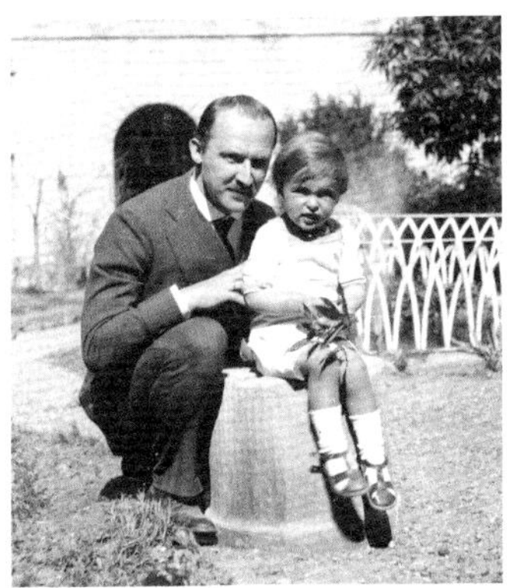

36 Willi Geiger mit seinem Sohn Rupprecht, Florenz 1910

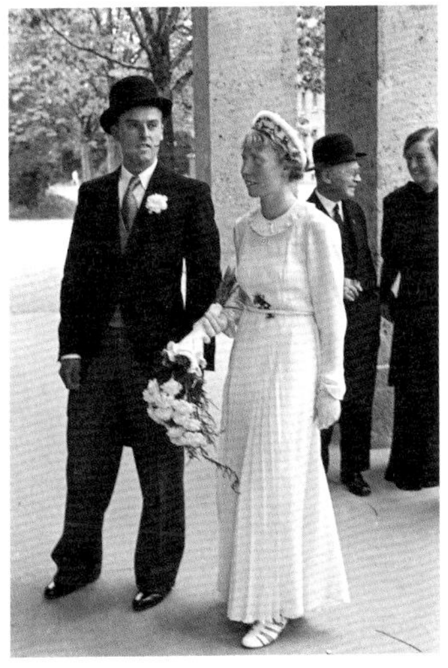

37 Hochzeit von Rupprecht und Monika Geiger, München 1937

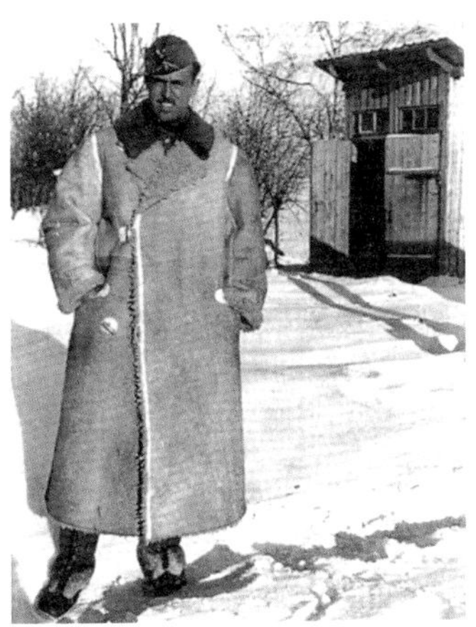

38 Rupprecht Geiger in Russland, Winter 1941/42

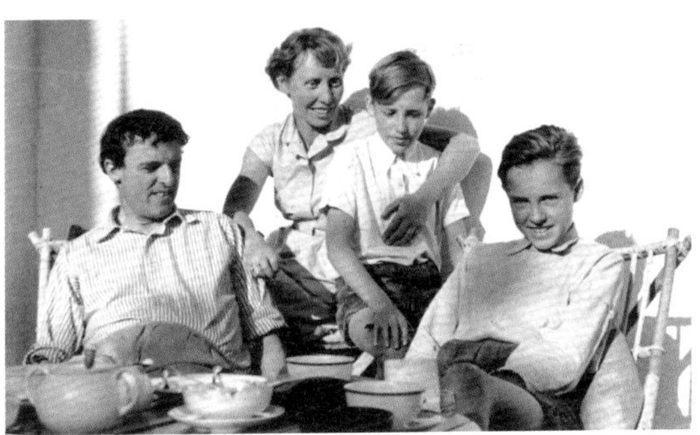

39 Rupprecht und Monika Geiger mit ihren Söhnen Florian und Lenz, um 1948

1940–1944 Rupprecht Geiger, der seine militärische Ausbildung in Landsberg am Lech sabotiert, wird dem technischen Dienst zugeteilt und 1941/42 an die Ostfront nach Polen und Russland geschickt. Er führt ein Kriegstagebuch, das er mit Bleistiftzeichnungen und Farbskizzen illustriert (siehe S. 73). In der Zeit seiner Stationierung in Wjasma bei Moskau entstehen erste Werke, und es beginnt seine von ihm als »autodidaktisches Studium der Malerei« bezeichnete Ausbildung. 1943 wird Geiger als Kriegsmaler in die Ukraine und 1944 nach Griechenland versetzt. Dort arbeitet er an Aquarellen, Gouachen und Zeichnungen und beschreibt in einem weiteren Tagebuch ausführlich die Faszination des intensiven mediterranen Lichts. Er kehrt 1944 nach Deutschland zurück und wird aufgrund einer Malariaerkrankung bis zum Kriegsende dem Luftschutz in Übersee am Chiemsee zugeteilt. Seine Eltern, Frau und Kinder leben in dem Anfang der 30er Jahre erworbenen Bauernhaus »die Bax« in Feldwies am Chiemsee.

1945–1947 Nach Kriegsende zieht Geiger mit seiner Familie in die Münchner Wohnsiedlung Borstei, an deren Entwurf sein Schwiegervater maßgeblich beteiligt war. Da in den ersten Nachkriegsjahren die Auftragslage für den Architekten Geiger schwierig ist, widmet er sich vor allem der Malerei und nutzt diese Zeit für eine künstlerische Stil-Orientierung. Seine Bilder zeichnen sich durch zunehmend expressive Farbigkeit und schrittweise Entfernung von der gegenständlichen Formgebung aus. 1945 nimmt er an einer der ersten Ausstellungen nach dem Zweiten Weltkrieg, im Rathaus von Prien am Chiemsee, teil. Anlässlich der Gruppenausstellung *Extreme Malerei* im Schaezlerpalais in Augsburg im Jahr 1947 werden Geigers Arbeiten neben denen von Willi Baumeister, Gerhard Fietz, Fritz Winter u. a. gezeigt.

1948 Im Winter 1948/49 entstehen die Werkgruppe der irregulären Formate und erste druckgrafische Editionen. Geiger beginnt, seine Gemälde fortlaufend zu nummerieren. Er nimmt erstmals an einer internationalen Ausstellung teil, den *Réalités Nouvelles 1948, 3ème Salon* in Paris.

1949/50 Von 1949 bis 1962 arbeitet Geiger gemeinsam mit seiner Frau Monika als freier Architekt, widmet sich jedoch zunehmend seiner Malerei. Gemeinsam mit Willi Baumeister, Rolf Cavael, Gerhard Fietz, Willi

Hempel, Brigitte Meier-Denninghoff und Fritz Winter gründet Geiger 1949 die Künstlergruppe ZEN 49. Die Kunsthistoriker und -kritiker Ludwig Grote, Franz Roh und John Anthony Thwaites sowie die Malerin und Kunstsammlerin Hilla von Rebay stehen der Gruppe nahe. Die erste ZEN 49-Ausstellung findet 1950 im Central Art Collecting Point in München statt.

1951 Für sein Werk *E 105* (WV 69) erhält Geiger den renommierten Domnick-Kunstpreis der Staatsgalerie Stuttgart. Als seinen ersten öffentlichen Auftrag im Bereich Kunst am Bau entwirft er die Fassade über dem Haupteingang des Münchner Hauptbahnhofs.

1952–1954 Nachdem Geiger Ende der 40er Jahre mit der (Farb-)Lithografie experimentierte, entdeckt er 1952 die Serigrafie als »sein« Druckverfahren. In seiner Malerei setzt er zum ersten Mal Tagesleuchtfarbpigmente ein. 1953 widmet die Moderne Galerie Otto Stangl in München dem Werk Geigers eine erste Einzelausstellung, in den Jahren 1958, 1961 und 1964 folgen weitere. Geiger zieht mit seiner Familie 1954 nach Solln, an den Stadtrand Münchens.

1955–1957 Nach seiner bis Mitte der 50er Jahre andauernden Arbeit mit Eitempera malt Geiger bis Mitte der 60er Jahre vorwiegend in Öl. Seine Arbeiten werden auch im Ausland, u.a. in den USA, gezeigt. Die Städtische Galerie im Lenbachhaus, München, zeigt 1955 Werke der Gruppe ZEN 49, die sich nach einer erfolgreichen Wanderausstellung durch verschiedene amerikanische Städte im Jahr 1957 auflöst.

1958/59 Geiger wird auf der *1. Internationalen Triennale für Farbgrafik* in Grenchen, Schweiz, der dritte Kunstpreis verliehen, im Jahr darauf erhält er in New York den Solomon-Guggenheim-Preis. Er nimmt an der *Bienal de São Paulo* sowie an der *2. documenta* teil.

1960–1964 Um 1960 entstehen die ersten in sich modulierten Farbfelder Geigers. Angeregt durch die ersten Weltraumforschungen beschäftigt sich Rupprecht Geiger seit den 50er Jahren mit den Erfahrungen von Zeit und Raum und gibt 1961 einem Werk den Titel *361/61 (Gagarin)* (WV 333), benannt nach dem sowjetischen Kosmonauten Juri Gagarin. Gemeinsam mit seinem Sohn Lenz gestaltet Geiger eine Plakatserie für die Konzertreihe *Musica Viva*. 1964 ist er Teilnehmer der *3. documenta*. Im selben Jahr erscheint anlässlich einer Ausstellung seines gesamten grafischen Werks im Kunstverein Wolfsburg e.V. das *Werkverzeichnis der Graphik 1948–1964*.

1965–1967 Geiger erhält eine zehnjährige Professur für Malerei an der Staatlichen Kunstakademie Düsseldorf. Seine Kollegen an der Kunstakademie sind u.a. Joseph Beuys und Gerhard Richter. Mitte der 60er Jahre beginnt Geiger für zwei Jahrzehnte mit der Luftdruckspritzpistole zu arbeiten, wobei er ausschließlich Tagesleuchtfarbpigmente und Acryl als Bindemittel verwendet. In dieser Zeit deklariert Geiger die »Farbe als geistiges Licht«. Bis zum Ende seiner Lehrtätigkeit in Düsseldorf beschränkt er sein Formenvokabular auf das Rechteck, den Kreis und das Oval, um nicht von der reinen Farbe abzulenken.

1968/69 1968 nimmt Geiger an der *4. documenta* teil und erhält im gleichen Jahr den Burda-Kunstpreis für das Gemälde *496/68* (WV 471). In den Jahren 1968/69 konzentriert er sich in der Serie *Gerundetes Gelb* auf die Verwendung der Farben Gelb, Grau und Weiß.

1970/71 Rupprecht Geiger wird Mitglied der Berliner Akademie der Künste. 1971 entsteht das Aufsehen erregende Werk *Gerundetes Rot* in der Apsis der Kirche St. Ludwig in Ibbenbüren, das Geiger mit Tagesleuchtfarbpigmenten direkt auf den Putz sprüht.

1972/73 Das von Monika Geiger zusammengestellte *Werkverzeichnis Druckgraphik 1948–1972* erscheint. Vor dem Gebäude der Münchener Rückversicherungs-Gesellschaft in München wird 1973 die Skulptur *Konkav gerundet* errichtet.

1974–1977 Neben dem Wohnhaus der Familie in Solln wird ein großes, vom Münchner Architekten Detlef Schreiber entworfenes Atelier gebaut und 1976 fertiggestellt. 1989 erfährt es, ebenfalls durch Schreiber, eine Erweiterung. Anlässlich der Einzelausstellung *Element Rot* 1975 im Museum Folkwang in Essen konzipiert Geiger den begehbaren Farbraum *Unisono Rot* und erhebt die Farbe zum zentralen Element. Zur Ausstellung erscheint als Faksimile sein Buch *Farbe ist Element*. Heinrich Böll schenkt

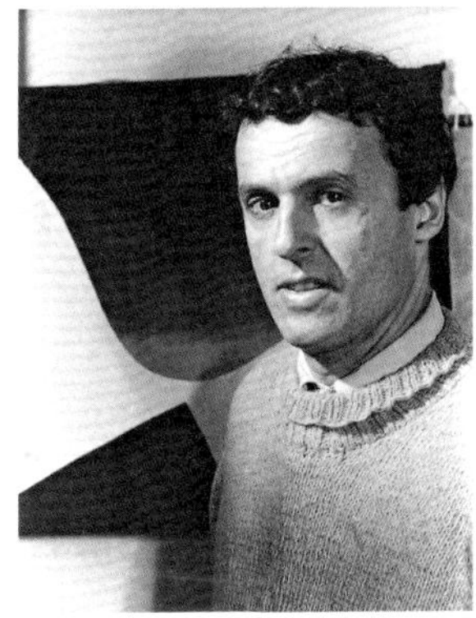

40 Rupprecht Geiger vor seinem Gemälde *E 40*, 1949 (WV 25), München 1949

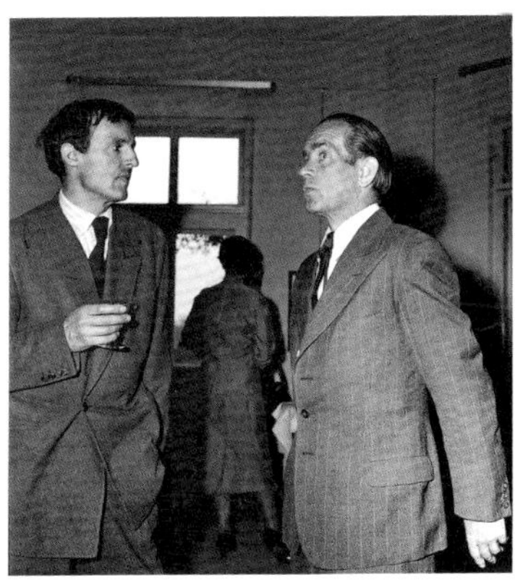

41 Mit Fritz Winter (rechts) in der Modernen Galerie Otto Stangl, München 1953

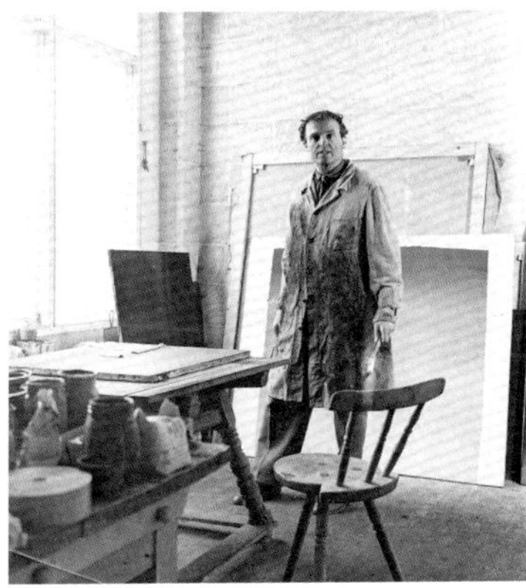

42 Im Atelier, München 1963

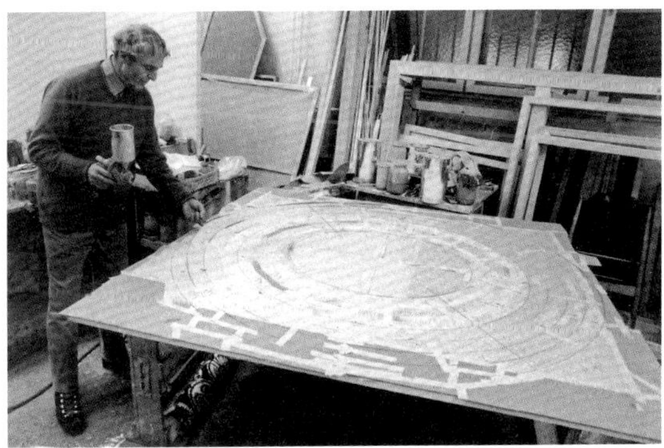

43 Im Atelier der Staatlichen Kunstakademie Düsseldorf 1974

Geiger ein leeres rotes Notizbuch, das der Künstler bis 1978 mit Skizzen und Anmerkungen vor allem zur Farbe Rot – auf die er sich in seiner Farbgebung zunehmend konzentriert – versieht: das sogenannte *Rotbuch 1975/78*. Mit einem »Rotfest« verabschiedet sich Rupprecht Geiger 1976 von seiner Lehrtätigkeit an der Staatlichen Kunstakademie Düsseldorf. Im Jahr darauf nimmt er an der *6. documenta* teil.

1978/79 Die Städtische Galerie im Lenbachhaus, München, zeigt die erste Rupprecht-Geiger-Retrospektive. Im Jahr darauf wird er zum Ehrenmitglied der Staatlichen Kunstakademie Düsseldorf ernannt.

1981–1983 An der Internationalen Sommerakademie in Salzburg erhält Geiger 1981 eine Professur für abstrakte Malerei. 1983 wird er Mitglied der Bayerischen Akademie der Schönen Künste, München.

1984–1986 Ab Mitte der 80er Jahre entwickelt Geiger neue Werkgruppen, formal-abstrakte Holzobjekte, die sogenannten *Metapherzahlen 0–9*. Über Jahre hinweg konzipiert er zu diesen Zahlen etliche Bildfolgen sowie eine aufwändige, gedruckte Mappe mit großformatigen Serigrafien. Für seine Retrospektive in Berlin, Ludwigshafen und Düsseldorf realisiert Geiger 1985 zusammen mit seinem Sohn, dem Architekten Florian Geiger, die begehbare Rauminstallation *Rote Trombe* (siehe S. 41). Mit dem Auftrag für vier großformatige Aluminium-Objekte für die Technische Universität beginnt 1986 eine Anzahl von Arbeiten im öffentlichen Raum in München. Bei der *8. Norwegischen Internationalen Grafik-Biennale* in Frederikstad 1986 wird ihm die Goldmedaille für seine zehnfarbige Serigrafie (*Ohne Titel*, 1984) (WVG 173) verliehen. Im selben Jahr findet eine Einzelausstellung im Seiji Togo-Kunstmuseum in Tokio statt.

1987–1989 Vor dem Münchner Kulturzentrum am Gasteig wird 1987 Geigers Objekt *Gerundetes Blau* aufgestellt. Anlässlich seines 80. Geburtstags zeigt 1988 die Staatsgalerie Moderner Kunst im Münchner Haus der Kunst eine Retrospektive. Geiger wird der große Kunstpreis der Berliner Akademie der Künste verliehen, und er erhält das große Verdienstkreuz der Bundesrepublik Deutschland. 1989 erwirbt das Lenbachhaus Geigers Rauminstallation *Neues Rot für Gorbatschow* (siehe S. 42/43). Er erhält den Kulturellen Ehrenpreis der Landeshauptstadt München.

44 Rupprecht Geiger während der Internationalen Sommerakademie in Salzburg, 1981

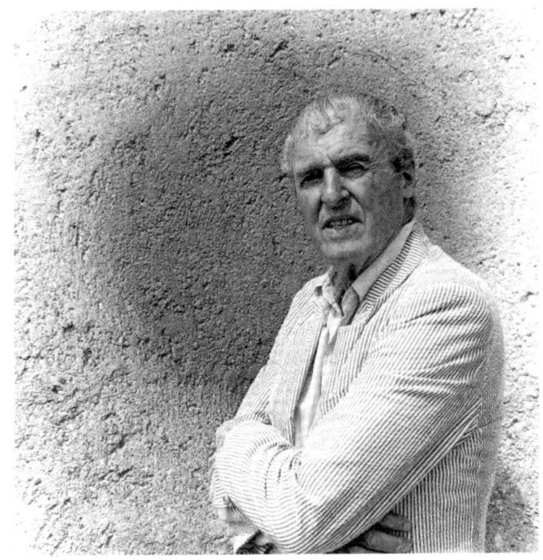

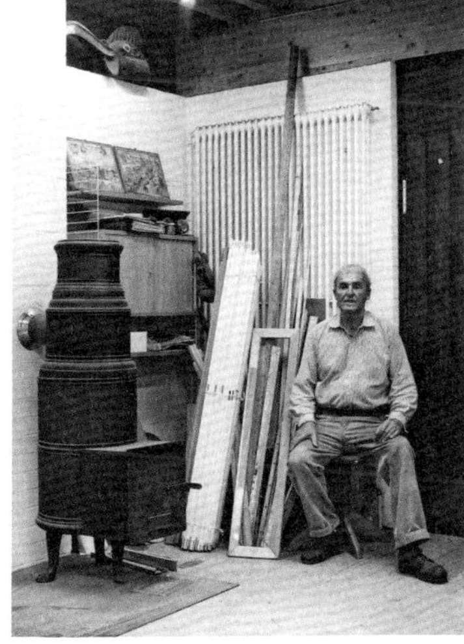

45 Im Atelier in München, um 1982/83

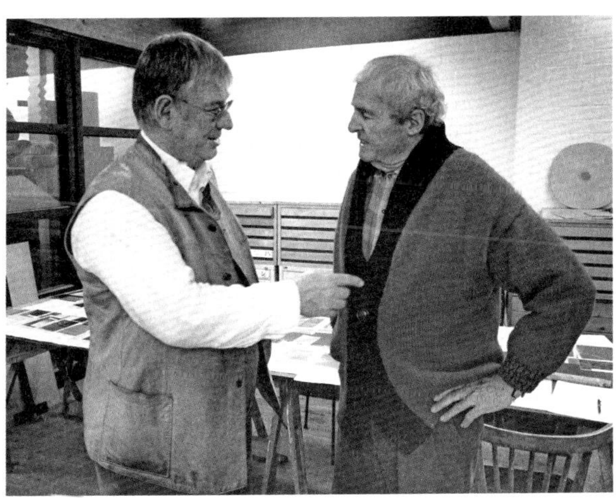

46 Im Gespräch mit Alf Lechner (links), München, um 1985

1990–1994 Für das Bezirkskrankenhaus in Taufkirchen (Vils) wird die begehbare Plastik *Meditationsraum* (siehe S. 26/27) aufgestellt. 1991 wird Geiger mit dem Rubenspreis der Stadt Siegen ausgezeichnet, in den beiden folgenden Jahren erhält er den Kulturpreis der Bayerischen Landesstiftung sowie den Bayerischen Maximiliansorden für Wissenschaft und Kunst und wird Ehrenmitglied der Akademie der Bildenden Künste, München. Im Hôtel des Arts in Paris findet 1992 die Ausstellung *Rupprecht Geiger. La couleur est élément* statt. 1994 wird Geiger der Harry Graf Kessler-Preis des Deutschen Künstlerbundes verliehen. Im Russischen Museum in St. Petersburg eröffnet eine Rupprecht-Geiger-Retrospektive, die im Anschluss nach Dresden und München wandert.

1996/97 Für eine U-Bahn-Station in Rom wird Geiger von Piero Dorazio ausgewählt, die Vorlage für ein Mosaik zu entwerfen. Ab Mitte der 90er Jahre beschäftigt sich Geiger neben seinen Gemälden, Zeichnungen und druckgrafischen Arbeiten mit Collagen. 1997 wird ihm die Goldene Ehrenmünze der Landeshauptstadt München überreicht.

1998/99 Anlässlich seines 90. Geburtstags und der Ausstellung *Rupprecht Geiger. Rot Gelb Blau* im Kunstbau des Lenbachhauses in München, erscheint das *Rotbuch 1975/78* als Faksimile. 1999 konzipiert Geiger eine Art Fries für einen Protokollraum im Reichstagsgebäude des Deutschen Bundestages in Berlin.

2000 In der Heiliggeistkirche in Landshut zeigt Rupprecht Geiger zwei monumentale, beidseitig bemalte Fahnen in den Farben Gelb und Rot: *Morgen Rot Abend Rot* (siehe S. 45).

2002 Geiger wird eingeladen, Deutschland auf der *XXV Bienal de São Paulo* in Brasilien zu vertreten. Er entwirft eine aus vier großformatigen Leinwänden bestehende Rauminstallation, einer der letzten Höhepunkte in seinem künstlerischen Werk (siehe S. 47).

2003/04 Die Arbeit an seinen Collagen führt zur Entstehung einer kleinen Werkgruppe *Geist und Materie*, ein weiterer Höhepunkt seines Spätwerkes. Anlässlich seines 95. Geburtstags erscheint das *Werkverzeichnis 1942–2002, Gemälde und Objekte, Architekturbezogene Kunst.*

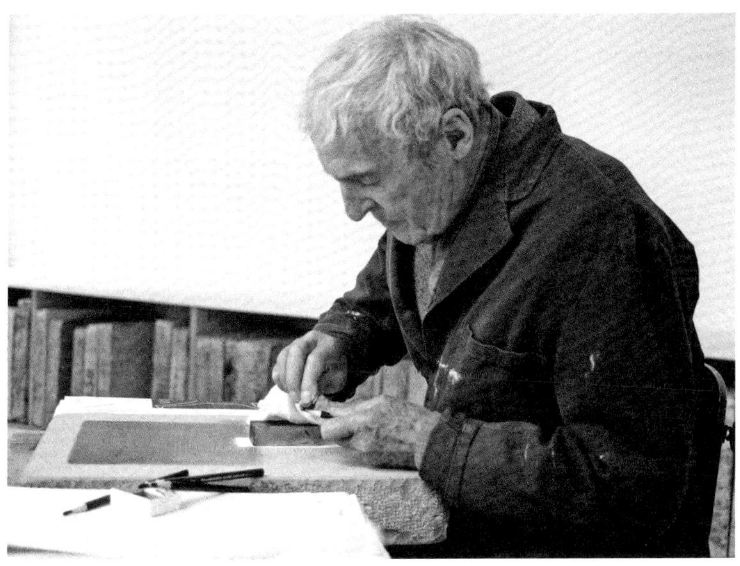

47 Rupprecht Geiger beim Vorbereiten einer Lithografie in der Druckerei Urban Stoob, St. Gallen 1993

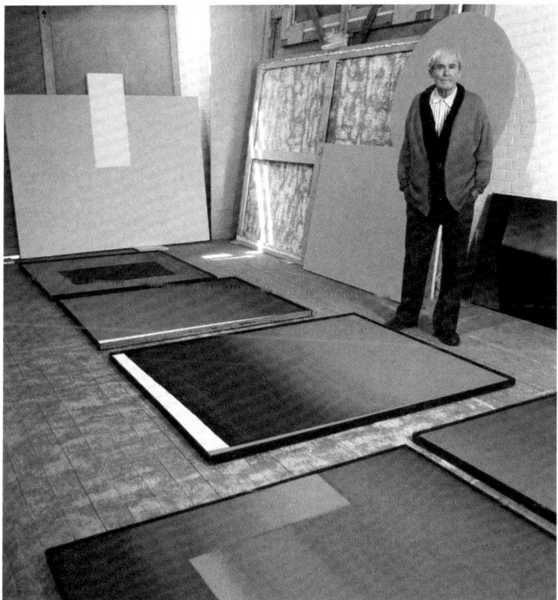

48 Im Atelier, München, um 1994

2007 Monika Geiger stirbt am 8. September nach langer Krankheit. Das *Werkverzeichnis der Druckgrafik 1948–2007* erscheint.

2008 Anlässlich des 100. Geburtstags von Rupprecht Geiger finden zahlreiche Ausstellungen und Retrospektiven statt, u.a. in der Städtischen Galerie im Lenbachhaus, München, in der Neuen Nationalgalerie, Berlin, und dem Museum für Gegenwartskunst, Siegen.

2009 Am 6. Dezember stirbt Rupprecht Geiger in München.

2010 Zu seinem ersten Todestag wird das Archiv Geiger in den ehemaligen Atelierräumen in Solln eröffnet.

JULIA GEIGER *leitet seit 2010 das Archiv Geiger. Nach ihrem Studium der Kunstgeschichte in München arbeitete sie eng mit Rupprecht Geiger zusammen. Als Enkelin des Künstlers hat sie besonders tiefe Einblicke in dessen Werk, was sich in ihrer Arbeit als Kuratorin und Autorin niederschlägt. Noch zu Lebzeiten Geigers erstellte sie das Werkverzeichnis der Gemälde und Objekte (zusammen mit Pia Dornacher) und das Werkverzeichnis der Druckgrafik.*

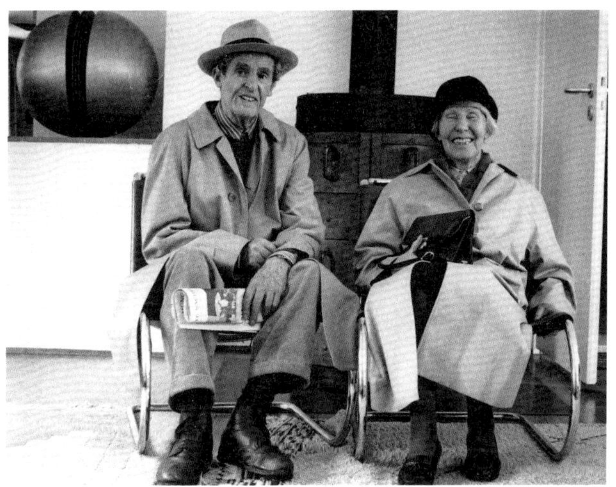

49 Monika und Rupprecht Geiger, München 1997

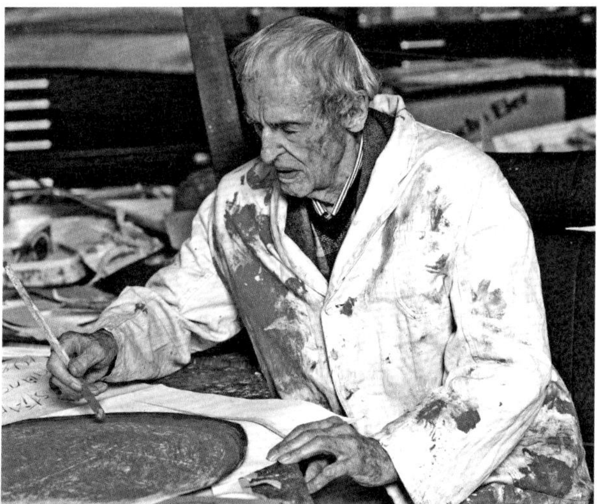

50 Im Atelier, München 2007

Rotbuch 1975/78, unpaginiert, München 1998 (WVG 195)

ARCHIV

Beobachtungen, Reflexionen, Notizen

Zusammengestellt von
Julia Geiger

Im Laufe seines künstlerischen, über sieben Jahrzehnte andauernden Gesamtschaffens schrieb Rupprecht Geiger Reflexionen über sein Werk in – bislang meist unveröffentlichten – Tage- und Skizzenbüchern nieder. Diese Beobachtungen und Erlebnisse in Form von erzählerischen Texten bzw. von knappen Notizen zu Farbe, Form, Komposition und Malweise versah er oft mit farbigen Skizzen oder kleinen Collagen.
All seine schriftlichen und mündlichen Äußerungen ermöglichen nicht nur den künstlerischen Denkprozess von Rupprecht Geiger, sondern auch seine Experimentierfreudigkeit nachzuvollziehen. Die treibende Kraft seiner Kunst, die er mit außergewöhnlicher Konsequenz und Kontinuität ein Leben lang ausübte, war und blieb dabei immer die Farbe als Lebenselixier.

I

Im Kriegstagebuch 1941/42 *hält Geiger neben Beschreibungen des Kriegsgeschehens auch prägnante Landschafts- und Stimmungseindrücke fest:*

17. Nov. [1941] Der Himmel ist von beispielloser Farbenpracht und von unglaublicher Weite. Die Möglichkeiten sind unbegrenzt. (1) Ein Morgenhimmel ist am Horizont, blaugrau und geht nach oben in violett über dan[n] ganz schnell über gelb u. grün zu stahlblau. oder (2) am Horizont weißgelb dan[n] etwas zitronengelb und über den halben Himmel hoch lachsrot. (3) oder violett am Horizont dann sehr schnell gelb grühn und dann zu blau.

Die in diesem frühen Zitat durchgespielten Modulationen wird Geiger zum wichtigsten gestalterischen Prinzip seiner Malerei erheben. Teilweise sind die im Tagebuch enthaltenen Farbstiftzeichnungen mit genauen Farbangaben versehen, die dem Künstler bei der späteren Ausführung von Aquarellen und Gemälden dienen.

Ia *Kriegstagebuch 1941/42*, unpaginiertes Schulheft mit 85 beschriebenen Seiten (unveröffentlicht), Archiv Geiger, München, 15,5 × 20 cm
Ib Farbstiftzeichnung mit handschriftlichen Anmerkungen Rupprecht Geigers aus dem *Kriegstagebuch 1941/42*

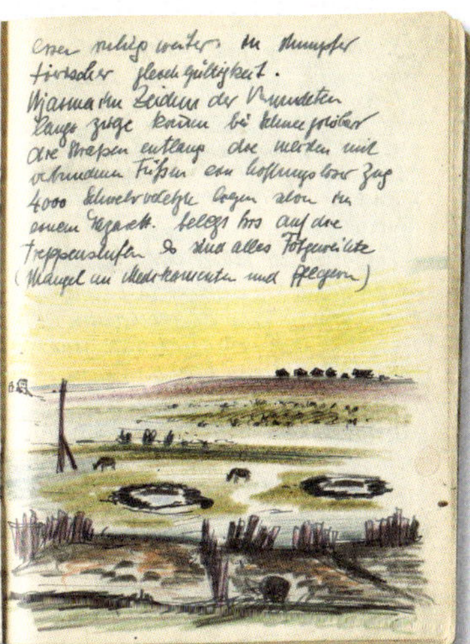

Ia

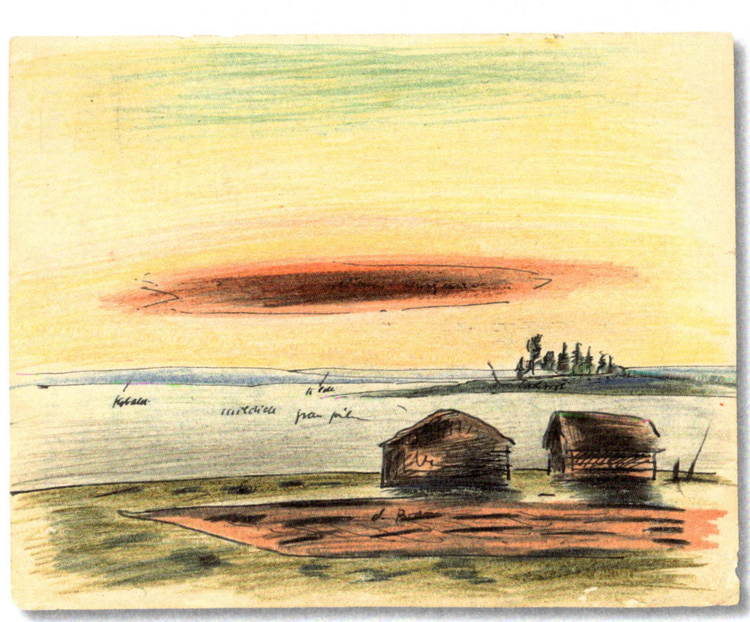

Ib

DAS FARBERLEBNIS.
ES IST STUNDE 0 IN DEUTSCHLAND. JCH GEH
RICHTUNG MARIENPLATZ, VORBEI AN SCHU
ALLES IST LEBLOS, GRAU, STAUB UND ASCHE. –
SCHUTTBERG GESPENSTIG, ALLEIN NOCH STEHEND
DIE RENAISSANCE FASSADE DER ALTEN POLIZE
GASSEN EXISTIEREN NICHT MEHR. – PLÖTZLICH
STRASSE KOMMEND, EINE HELLROT AUFLEUCHT
ÜBER DIE STRASSE ZIEHEND. EIN FARBSIGNAL V
NIE NOCH GESEHENES „ROT"

WAS IST DIESE ERSCHEINUNG?
EIN AMI-MÄDCHEN IN LEUCHTROTEM PULLOVER
SCHNELL LAUFEND DIE STRASSE ÜBERQUERT.

DIE ENTDECKUNG EINER FARBE.
MEINE FRAU UND JCH BEKOMMEN VON HILLA REB
DEN LEBENSMITTELN AUCH EINIGE KOSMETIKARTIK
STIFT IN „PINK" – JCH STELLE FEST: DAS IST
PULLOVER DES AMI-MÄDCHENS HATTE – „DAS FAR
DIE FARBE HAT EIN SIGNAL GEGEBEN. – DAS E
REALISIERT IN DEM BILD „190 E" EITEMPERA
WURDE MIT DEM LIPPENSTIFT „PINK" EINGERIEBEN

2

Auf dem Weg zur Farbfindung erlebt Geiger neben den als »autodidaktisches Studium der Malerei« bezeichneten Kriegsjahren auch in den Nachkriegsjahren ein prägendes Inspirationsmoment: das sogenannte Farberlebnis. *Für die Farbspur auf dem ursprünglichen Gemälde* E 190a *(WV 130) aus dem Jahr 1953 verwendet er einen pinkfarbenen Lippenstift aus einem CARE-Paket,*

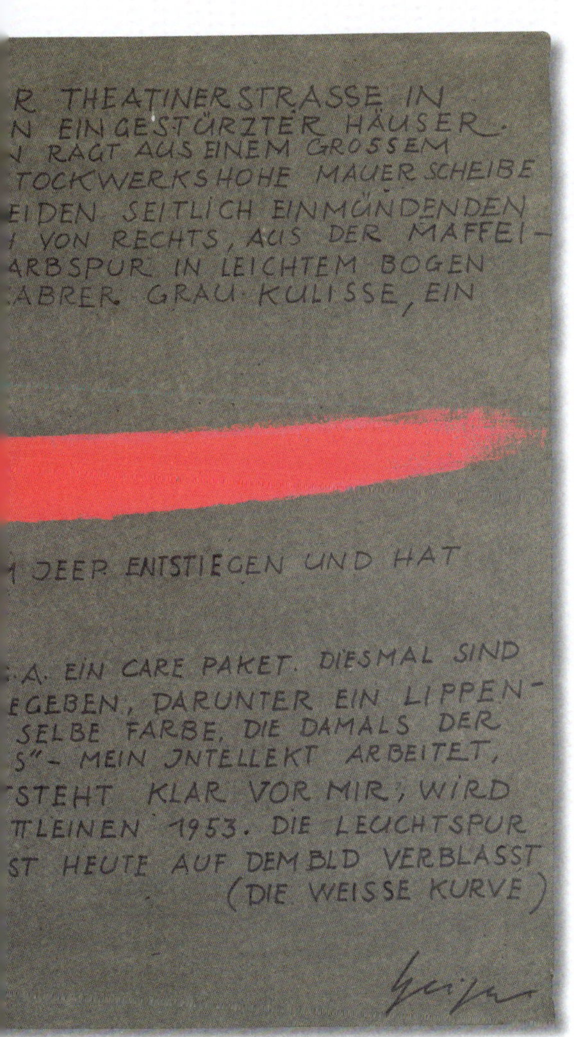

2

der im Laufe der Zeit verblasst. Auf der hier gezeigten, um 1970 angefertigten Tafel mit der dazugehörigen Beschreibung dieses Farbeindrucks malt er sie mit fluoreszierenden Tagesleuchtfarbpigmenten.

---

2 *Das Farberlebnis*, um 1970, Filzstift und Acryl/Karton, 44×52 cm

3

Zum einen beschreibt Geiger seine künstlerischen Ideen, zum anderen veranschaulicht er diese oft anhand farbiger Entwürfe. Seine Gedanken zur Erschaffung eines Porträts der Farbe und deren Wahrnehmung beschäftigt ihn auch in seinem als Faksimile erschienenen, unpaginierten Skizzenbuch zur Ausstellung Farbe ist Element *im Essener Folkwang Museum, 1975:*

Wie sieht Farbe wirklich aus? Farbe kann nicht richtig gesehen werden. Wenn wir sie anschauen, ist sie oft nur ein Symbol für eine Stimmung, für vermittelte Illusion. Um Farbe wirklich zu sehen, muß man die Augen schließen und an sie denken.

Die unmittelbare Antwort auf eine zentrale, im Skizzenbuch gestellte Frage – wie die Farbe von äußeren Störungen isoliert werden kann – bildet seine Auseinandersetzung mit dem Thema »Farbe tanken«. Mit realisierten und unrealisierten Meditationsraumprojekten beschäftigt sich der Künstler bis ins hohe Alter.

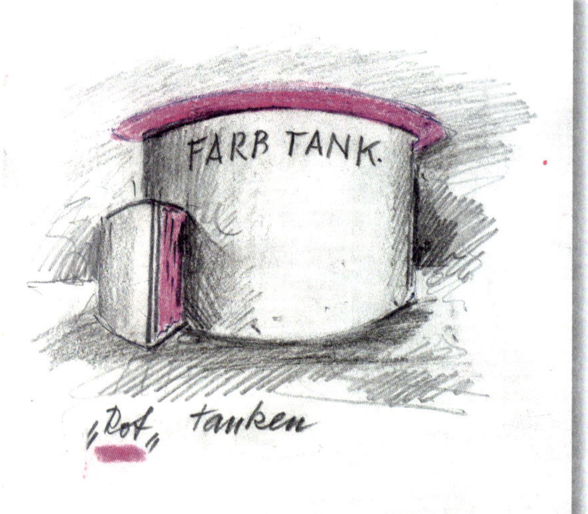

3

3 Skizze *Farbtank*, 1975, Bleistift und Kreide/Papier, 33,6 × 34 cm
4 *Farbpalette mit Notizen des Künstlers*

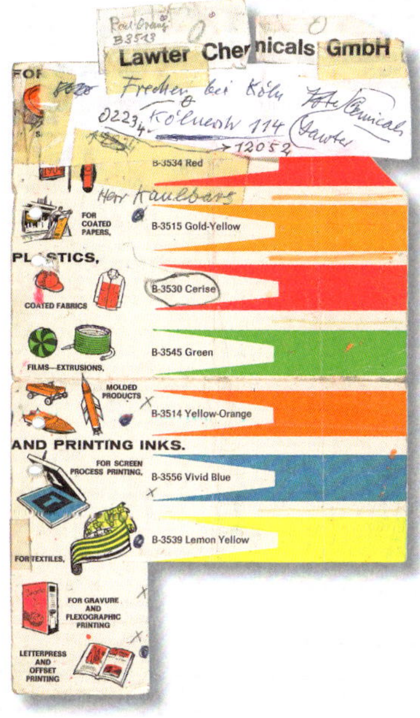

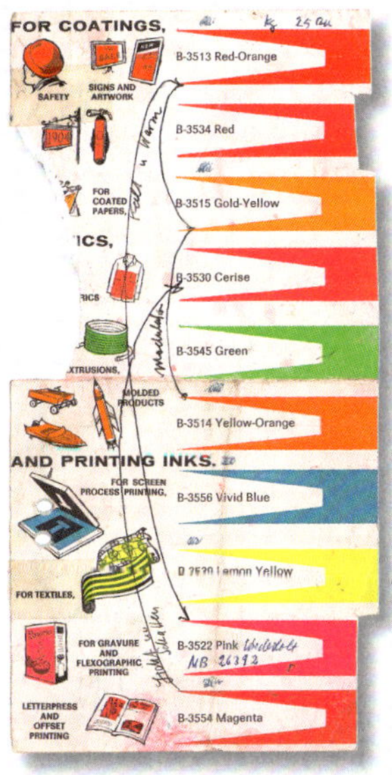

4

4

Parallel zum Geschriebenen und Skizzierten äußert sich Geiger zeitlebens in Interviews, um seine künstlerischen Intentionen zu veranschaulichen, hier am 14.11.1997 (in: Ausst.Kat. Rupprecht Geiger. Rot, Gelb, Blau, *Kunstbau der Städtischen Galerie im Lenbachhaus, München 1998, S. 13).*

Gelb nenne ich auch eine rote Farbe. Sie ist dem Licht sehr nahe. Zu Beginn sehr aufleuchtend, sich allmählich verdunkelnd über Orange nach Rot und schließlich die Wendung zum Abendrot vollziehend, in immer tiefere Tönungen absinkend, um schließlich in die Finsternis der Nacht überzugehen und zwar in einer Skala, die ich genau vorgezeichnet habe: über Weiß, Gelb, Orange, Rotorange und allmählich Violett, Dunkel-Violett und noch tiefer zu Kadmiumrot bis Schwarz. Das ist praktisch meine Skala.

Die beiden Farbfächer *der amerikanischen Firma Lawter Chemicals GmbH, bei der Geiger seine künstlich hergestellten Tagesleuchtfarbpigmente bestellt, versieht er mit Notizen wie »Kalt u. Warm«, »Licht u. Schatten« sowie mit Angaben zu Modulationsmöglichkeiten.*

QUELLEN

—

BILDNACHWEIS

Zum Zeitpunkt des Erscheinens der vorliegenden Publikation befinden sich die gezeigten Werke Rupprecht Geigers in folgenden öffentlichen und privaten Sammlungen:
(Die Ziffern geben die Seitenzahlen an)

ACT Art Collection Siggi Loch, Berlin: 22
Archiv Geiger, München: 8, 12, 13, 14 o., 16/17, 19, 32, 39, 41 (Rote Trombe), 44, 45 (Rote Fahne), 50/51, 52/53, 54, 73, 74/75, 76, 77
Deutscher Bundestag, Reichstagsgebäude: 48/49
Karl Ernst Osthaus-Museum der Stadt Hagen: 15
LWL-Museum für Kunst und Kultur (Westfälisches Landesmuseum), Münster: 28
Museum Ritter, Waldenbuch: 38
Privatsammlung Rheinland: 31
Sammlung Schaub, Landshut: 21 u.
Sammlung Ströher, Darmstadt: 18
Sammlung Schaufler im SCHAUWERK Sindelfingen: 47
Sammlung Zeitgenössischer Kunst der Bundesrepublik Deutschland: 34/35
Städtische Galerie im Lenbachhaus, München: 10, 21 o., 24, 42/43
Städtisches Museum Leverkusen, Schloß Morsbroich: 23
Ulmer Museum, Stiftung Sammlung Kurt Fried: 29 o.

Fotonachweis
Thomas Berger, St. Georgen: 21 u.; Helga Fietz, München: 63 o.; Simone Gänsheimer: 42/43, 69 u.; Frank Kleinbach, Stuttgart: 41; Achim Kukulies, Düsseldorf: 15; Lossen Fotografie, Heidelberg: 29 u.; LWL-Museum für Kunst und Kultur (Westfälisches Landesmuseum), Münster/ Foto: Sabine Ahlbrand-Dornseif und Rudolf Wakonigg: 28; Ruedi Mettler-Wahlandt: 67 o.; Stefan Moses, München: 56, 65 m., 65 u., 67 u., 69 o.; Museen der Stadt Landshut, Harry Zdera: 45; Rosemarie Nohr, München: 38, 63 m.l.; Peter Oszvald, Bonn: 34/35; Andreas Pauly, München: 2/3, 4/5, 8, 12, 13, 14 u., 22, 32, 44, 47, 48/49, 50/51, 52/53, 54, 76; Dietmar Schneider, Köln: 63 u.; Lothar Schnepf, Köln: 31; Philipp Schönborn, München: 14 o., 16/17, 19, 46; Nikolaus Steglich, Starnberg: 39, 70, 73, 74/75, 77; Nadine Wacker, Ulm: 29 o.; Maria Wetzel, München: 63 m.r.

Nicht in allen Fällen war es möglich, Rechteinhaber der Abbildungen ausfindig zu machen. Berechtigte Ansprüche werden selbstverständlich im Rahmen der üblichen Vereinbarungen abgegolten.

—

DIE BEI DEN BILDTITELN GENANNTEN WERKVERZEICHNISNUMMERN SIND FOLGENDEN PUBLIKATIONEN ENTNOMMEN:

WV: *Rupprecht Geiger, Werkverzeichnis 1942–2002. Gemälde und Objekte. Architekturbezogene Kunst.* Herausgegeben von der Rupprecht-Geiger-Gesellschaft Städtische Galerie im Lenbachhaus, München. Bearbeitet von Pia Dornacher und Julia Geiger. Mit einem Vorwort von Helmut Friedel.
WV Erg. I: Ergänzung 2007, bearbeitet von Julia Geiger.
WV Erg. II: Ergänzung 2010, bearbeitet von Julia Geiger.
WVG: *Rupprecht Geiger, Werkverzeichnis der Druckgrafik 1948–2007.* Herausgegeben von der Rupprecht-Geiger-Gesellschaft Städtische Galerie im Lenbachhaus, München. Bearbeitet von Julia Geiger.

Klinkhardt & Biermann Verlag
Lentnerweg 14
D-81927 München
Tel. +49 (0)89-93 93 37 56
Fax +49 (0)89-943 99 26 84
info@klinkhardtundbiermann.de

Umschlagabbildung: *356/62 (Leuchtrot mit gelbem Feld)*, 1962, Öl/Leinwand (Detail; WV 326), siehe Seite 29 u.
Doppelseite 2/3 und 4/5: Details aus dem Pigmentraum von Rupprecht Geigers Atelier

Die Publikation entstand in Zusammenarbeit mit dem Archiv Geiger, München.

www.klinkhardtundbiermann.de

—
LEKTORAT
Gabriele Ebbecke, München

—
GESTALTUNG UND HERSTELLUNG
Marion Blomeyer, Rainald Schwarz, München

—
LITHOGRAFIE
Reproline mediateam GmbH, München

—
PAPIER
LuxoArt samt new

—
DRUCK UND BINDUNG
Passavia Druckservice GmbH & Co. KG, Passau

Die Deutsche Nationalbibliothek verzeichnet diese Publikation in der Deutschen Nationalbibliografie; detaillierte bibliografische Daten sind im Internet unter http://dnb.d-nb.de abrufbar.

ISBN 978-3-943616-40-8

Printed in Germany

JUNGE KUNST

BISHER ERSCHIENEN

01 PAUL KLEE
978-3-943616-00-2

02 PAUL GAUGUIN
978-3-943616-01-9

03 VINCENT VAN GOGH
978-3-943616-02-6

04 JOHANNES GRÜTZKE
978-3-943616-03-3

05 YONGBO ZHAO
978-3-943616-18-7

06 PAULA MODERSOHN-BECKER
978-3-943616-05-7

07 AUGUST MACKE
978-3-943616-06-4

08 FRANZ MARC
978-3-943616-07-1

09 HEINRICH CAMPENDONK
978-3-943616-08-8

10 EUGEN SCHÖNEBECK
978-3-943616-09-5

11 EMIL NOLDE
978-3-943616-11-8

12 MAX PECHSTEIN
978-3-943616-15-6

13 WILLEM DE KOONING
978-3-943616-20-0

14 PABLO PICASSO
978-3-943616-21-7

15 LYONEL FEININGER
978-3-943616-24-8

16 OTTO MODERSOHN
978-3-943616-25-5

17 ALEXANDER ARCHIPENKO
978-3-943616-26-2

18 HENRI MATISSE
978-3-943616-27-9

19 WASSILY KANDINSKY
978-3-943616-30-9

20 RICHARD GERSTL
978-3-943616-32-3

21 KARL SCHMIDT-ROTTLUFF
978-3-943616-33-0

22 GABRIELE MÜNTER
978-3-943616-37-8

23 RUPPRECHT GEIGER
978-3-943616-40-8

24 ERNST LUDWIG KIRCHNER
978-3-943616-41-5

25 EGON SCHIELE
978-3-943616-42-2

Die historische Reihe *Junge Kunst* erschien von 1919 bis 1933 mit 62 Bänden im Klinkhardt & Biermann Verlag (gegründet 1907).
Seit 2012 wird die *Junge Kunst* überarbeitet neu aufgelegt und fortgesetzt.

WWW.KLINKHARDTUNDBIERMANN.DE